인공지능(AI)을 만들기 위한 핵심 지식

추천사

인공지능 개발을 위한 교과서와 같은 책이다. 인공지능을 비롯하여 디지털 헬스케어 분야뿐만 아니라 다양한 IT 프로젝트 수행을 위한 모든 내용이 사례를 중심으로 소개되어서 독자들이 쉽게 이해하고 실제 적용할 수 있도록 작성되어 있다. 무엇보다도 인공지능을 개발할 때 고려해야 할 위험 요소가 잘 분류되어 있어서 프로젝트 수행에 유용하게 활용할 수 있을 것이다. 인공지능 개발 업무에 종사하는 사람들에게 필요한 필수 교재로 여겨지며, 꼭 읽어보기를 권유하고 싶다.

—닥터앤서2.0 백롱민 사업단장(전 분당서울대학교병원장)

챗GPT를 포함하여 다양한 인공지능 서비스가 늘어나면서 인공지능에 대한 사람들의 관심이 점차 높아져 IT 산업에서 인공지능은 빼놓을 수 없는 영역이 되었다. 하지만 아쉽게도 인공지능을 비롯하여 소프트웨어 개발에 대한 체계가 제대로 잡혀 있지 않은 경우를 자주 접하곤 했다. 이 책은 인공지능 개발을 위한 기본 지식이 모두 포함되어 있어서 프로젝트를 수행하는 실무자가 체계적으로 업무를 수행하는 데 많은 도움을 줄 것으로 기대된다.

—카카오헬스케어 황희 대표이사

디지털 헬스케어 분야의 4차 산업혁명의 일환으로, 국내외에서 의료 인공지능 서비스 개발이 활발하게 전개되고 있다. 국내 의료 산업은 방대한 의료 빅데이터를 기반으로 다양한 질환에 인공지능을 적용하기 위한 노력이 한창이다. 이러한 한국형 의료 인공지능의 성공과 글로벌 진출을 위해서는 무엇보다도 품질의 우수성을 인정받는 것이 우선이라는 생각이 든다. 이 책에는 의료기기 인허가 절차를 포함한 인공지능 성능 확보를 위한 체계가 잘 잡혀 있다. 높은 수준의 의료 인공지능 서비스 개발에 이 책이 일조하길 바란다.

—닥터앤서1.0 김종재 사업단장(서울아산병원 아산생명과학연구원장)

국내외를 막론하고 헬스케어 분야에 인공지능 생태계가 만들어지고 있으며, 그 중심에 헬스케어 데이터가 있다. 즉, 다양한 헬스케어 데이터를 얼마나 잘 수집, 분석, 활용하는가에 따라 인공지능의 경쟁력이 달려 있다고 할 수 있다. 이 책은 데이터를 기초로 하여 인공지능을 개발하기 위한 유용한 지식과 절차가 모두 포함되어 있어서 매우 활용도가 높을 것으로 보인다. 이 책을 읽은 독자들이 체계적으로 인공지능 시스템을 개발하여 더욱 경쟁력 있는 인공지능 생태계가 조성되었으면 하는 바람이다.

—네이버 나군호 헬스케어연구소장

국내 IT 산업은 세계적인 흐름에 발맞춰서 크게 성장하고 있으며, 이에 따라 관련 종사자도 더욱 증가하고 있는 추세다. 이 책은 인공지능에 대한 기본적인 설명 뿐만 아니라 구체적인 AI 서비스 개발 전략을 포함하고 있어서, IT 종사자들은 물론 일반인들이 AI 관련 프로젝트를 수행하는 데 큰 도움을 줄 것으로 믿어 의심치 않는다.

—현대오토에버 서정식 대표이사

이 책은 인공지능 개발 프로세스에 대한 개념과 인공지능 개발 시 고려해야 하는 이슈를 잘 이해하도록 되어 있다. 이 책을 통해 IT 종사자들이 체계적인 프로젝트 수행의 기본을 습득하여 발전적인 AI 및 IT 산업의 기틀이 마련되었으면 한다.

－한국지능정보사회진흥원(NIA) 황종성 원장

인공지능 기술과 IT 산업은 더욱 광범위하게 융합되고 있어, 이를 서비스화하기 위한 프로젝트 관리의 중요성이 커지고 있다. 이 책은 인공지능 서비스 개발과 인공지능을 포함한 IT 솔루션 개발 및 관리에 대한 핵심 지식을 망라하고 있다. IT 산업을 비롯한 각종 산업의 관련 분야에서 효과적인 프로젝트 수행의 지침서가 되리라 확신한다.

－서울대학교 산업공학과 이경식 교수

최근 제조업은 스마트공장, 스마트제조 등 정보통신기술 융합을 넘어서, 빅데이터와 인공지능 기술 적용을 통한 자율형 생산시스템으로 고도화되고 있다. 이에 따라 우리 정부에서도 인공지능 기술을 제조 현장에 적용하는 업종별 특화 지원 프로그램 등을 강화하고 있는데, 이를 위해서는 사업 전략 수립부터 구축까지의 일련의 활동을 효율적으로 통합하여 운영할 수 있는 프로젝트 관리 능력이 필수적이다. 이 책은 인공지능 개발 및 적용 프로젝트 관리에 관련된 유익한 내용들이 담겨 있으며, 특히 저자의 실무 경험을 바탕으로 한 현실적인 가이드라인과 조언을 제공한다. 인공지능 기반 IT 기술 활용 분야 종사자라면 꼭 한 번 읽어보기를 추천한다.

－성균관대학교 산업공학과 노상도 교수
(현 CDEComputational Design and Engineering 학회 회장)

최근 AI가 기업 및 조직의 성장과 혁신에 핵심적인 역할을 하고 있다. AI 기술의 발전과 데이터의 폭발적인 증가로 인해 기업들은 AI를 활용한 프로젝트를 수행하려는 경우가 많아지고 있다. 이에 따라 AI 관련 IT 프로젝트 관리자의 필요성이 더욱 부각되고 있다.

본서는 오랜 현장 경험을 토대로 프로젝트 관리의 전반적인 절차와 기법을 소개하고, 이러한 원칙들이 AI 관련 프로젝트에 어떻게 적용되어야 하는지 자세히 다룬다. 저자는 오랫동안 다양한 AI 프로젝트에 참여하며 얻은 귀중한 통찰력을 실무 경험에 근거한 실용적인 접근 방식으로 소개하여 공유한다. 이는 이론과 실무 간의 간극을 줄이고, 실제 프로젝트에서 마주할 수 있는 도전 과제에 효과적으로 대응할 수 있는 능력을 키우는 데 큰 도움이 될 것이다. 또한 저자는 이 책을 더욱 효과적으로 활용할 수 있도록 실제 사례 연구, 템플릿, 체크리스트 등 다양한 보조 자료를 제공한다. 이를 통해 독자들은 저자의 노하우를 자신의 프로젝트에 적용하기 위한 실질적인 지침과 자원을 얻을 수 있을 것이다. 실제 AI 관련 프로젝트를 수행하는 과정에서 주의할 사항과 함께 AI 프로젝트의 일상적인 문제들을 해결하기 위한 팁과 요령은 이 책이 제공하는 또 다른 매력이다. 관련 프로젝트 종사자는 물론 관심 있는 일반인들에게 좋은 입문서로 일독을 권한다.

—동국대학교 경영전문대학원 정욱 교수(경영대학장 겸 경영전문대학원장)

IT 산업에서 모든 사업의 시작은 프로젝트 단위로 수행된다. 하지만 프로젝트의 본질을 모르고 의욕만 앞세워 사업을 수행하는 경우가 많다. 이 책은 저자의 내공이 실린 실무 경험을 토대로 다양한 영역을 관리하는 프로젝트 관리의 정확한 개념을 설명하고 있다. 프로젝트를 어려워하는 사람들에게 여러 번 읽어보기를 추천하며, 이 책을 통해 프로젝트 목표 관리의 본질을 잘 이해하여 현명한 프로젝트 관리자가 되기를 바란다.

—한국IOT융합사업협동조합 한재호 이사장(현 A3시큐리티 대표이사)

소프트웨어 개발 프로젝트는 규모가 커지고 복잡해지고 있는 데 반해, 개발 일정은 짧아지고 비용은 줄면서도 높은 품질 수준을 요구하고 있다. 이런 환경에서는 열심히 일하는 것만이 정답이 아니다. 소프트웨어 개발 프로젝트를 다수 수행하고 관리한 경험이 있는 저자가 이 책을 통해 현명하게 일하는 방법을 알려준다.

— ㈜티큐엠에스 이민재 대표이사

건설 현장에서 다양하게 AI 시스템을 적용하고 있다. 특히 현장 영상 분석을 통한 위험 요소 감지 및 사전 방지까지 안전 관리를 위한 AI 시스템 구축에 대한 관심이 높다. 건축의 경우 안전을 위한 시스템 구축 수요가 증가하고 있어서 이에 대한 성능과 품질의 확보가 매우 중요한 요소다. 이 책은 체계적인 시스템 구축을 가이드하는 책으로 AI 시스템의 기본적인 품질을 확보하는 길잡이가 될 것이다.

—(사)건축성능원 강부성 이사장

프로젝트 수행 시 개발과 관리 프로세스는 가장 기본적으로 갖춰야 하는 지식으로, 이 책은 독자들이 쉽게 이해할 수 있도록 되어 있다. 더욱이 프로세스뿐 아니라 프로젝트 관리 관점에서 관심을 갖고 해결해야 하는 이슈가 잘 정리되어 있어서 IT 사업에 종사자라면 꼭 한 번 읽어보기를 권한다.

—A.P.Moller-Maersk Omnihannel-Fulfilment 최준영 대표이사

차 례

들어가는 글

2015년 5월, 30대 후반에 IT 회사를 설립했다. 정보통신공학부를 졸업하고 IT 회사에서 10년 이상 근무한 덕분에 IT 산업에 대한 기본적인 이해가 있었고, 경영학 석사까지 마쳤기에 인사/영업/재무에 대한 기본 지식이 있다고 생각하여 회사를 세워도 잘할 수 있다는 믿음이 있었다. 그러나 사업은 내 마음대로 되지 않았다. 무슨 객기였는지 매출도 없는데 직원 먼저 채용했다. 그렇게 6개월이 지나자 회사 자본이 잠식되었다. 잘할 수 있다는 마음은 어느새 절망으로 바뀌었고, 직원들 월급은 은행과 친구에게 돈을 빌려서 지급해야 했다. 그 이후에도 4개월간 매출이 발생하지 않았고, 법인 통장은 점차 바닥을 드러냈다. 필자는 정작 급여를 받지 못했고, 개인 마이너스 통장의 한도가 다 차서 창업한 지 1년도 못 버티고 회사 문을 닫을 지경에 몰렸다. 더이상 돈을 빌릴 곳도 없어서 한 달 후면 폐업할 상황이었다.

하루하루가 긴장의 연속이었다. 하루 종일 전화를 붙잡고 일을 달라고 읍소하거나, 사람들을 만나서 돈을 꿔달라고 부탁하는 것 말고는 할 수 있는 일이 없었다. 그런데 정말 하늘이 도왔는지 회사 자본이 완전히 바닥을 드러내기 일주일 전에 소프트웨어 개발 요청이 들어왔다. 직원들에게는 RTLS Real Time Location System 개발이 생소했으나, 필자는 예전에 PM Project Manager으로 진행했던 적이 있는 업무라서 자신이 있었다. 그래서 필자가 직접 PM을 하고 직원들은 개발 업무만 진행하기로 하고 사업을 수주했다. 직원들은 개발은 잘했지만, 그 외 파트는 잘 몰랐다. 필자는 관련 인프라 등 필요한 업무를 공부해가며 프로젝트를 진행했다. 최악의 상황에서도 얼마나 노력했는지, 잠도 잊고 프로젝트에만 매달렸다. 이때의 성공을 위한 열망이 이 책을 쓴 계기가 되었다.

회사의 첫 프로젝트를 마무리한 후, 고객들에게 좋은 평가를 많이 받은 덕분에 계속해서 사업을 수주할 수 있었다. 필자는 PM, 인프라 구축, 개발을 비롯하여 신규 사업 기획 및 제안, 연구 과제 수행뿐 아니라 영업, 재무, 인사관리까지, 5년 동안 사업의 모든 파트를 수행하며 불철주야 뛰었다.

회사를 닫기 직전까지 갔던 경험 때문에 회사의 여유 자금을 최소한 3개월 이상은 확보하려고 노력했고, 점차 상황은 나아져서 6개월, 1년 이상 급여 걱정은 없게끔 관리할 수 있었다. 매년 10% 이상 순이익을 유지한 덕분에 2020년 7월 드디어 회사의 채무가 0이 되었다. 빚을 다 갚은 무렵 회사 매각에 대한 제안이 들어왔기에, 회사의 지분을 넘기고 잠시 쉬었다. 5년 동안 쉬는 날 없이 일하다 보니 몸과 마음이 너무 지쳐 있었던 것이다. 처음으로 마음 편하게 휴식하면서 아내와 아이들과 한 달 넘게 여행하며 전국을 돌아다녔다. 이때가 인생에서 가장 행복한 순간이었다. 그런데 그 한 달이 지나니 다시금 일하고 싶어졌다. 사실 쉬는 동안에도 마음 한구석에는 왠지 모를 허전함이 있었다. 회사 지분을 넘긴 후 그새 소문이 났는지 10곳도 넘는 곳에서 함께 일하자는 제안이 들어왔다. 이렇게 많은 곳에서 연락이 올 줄은 정말 몰랐다. 한편으로는 '열심히 살았구나' 하는 생각도 들었다.

IT 산업에서 10년 넘게 일하면서 기획, 개발, 인프라, IoT 비즈니스 전반에 걸쳐 많은 지식을 갖췄고, 영업/재무/회계/연구 개발 등 경영 전반에 대해서도 경험이 많았다. 그런 만큼 회사에 입사해서 한 가지 업무만 하는 것은 너무 아쉬웠다. 그래서 비즈니스 모델 개발, 사업 전략, 프로젝트 관리 등을 통해 필자가 가진 모든 경험을 공유하기로 마음먹고, IT 전문 컨설팅 기업 ㈜이노비엠을 설립했다. ㈜이노비엠은 IT와 관련한 비즈니스와 프로젝트에 필요한 교육과 전문 컨설팅 서비스를 제공하여 경험과 노하우를 공유하고 잘 활용할 수 있도록 하는 것이 목적이다. 아울러 2020년부터 데이터 구축에서 AI 서비스 개발까지 인공지능 솔루션 개발에 필요한 모든 프로세스를 경험했기에 AI 개발 프로세스에 대해서도 자신감을 갖게 되었다.

프로세스는 프로젝트의 기본이다

2021년 1월 스탠디시 그룹Standish Group의 보고서 카오스CHAOS 2020에 따르면, 최근 5년 동안 IT 서비스 프로젝트에서 성공률은 31%, 부분적인 성공 50%, 실패 19%로 드러났다. 이처럼 IT 서비스 프로젝트의 완전 성공률은 30%를 조금 넘는 수준이다. 왜 이렇게 낮은 것일까? 필자는 그 원인을 프로젝트 수행 프로세스가 부재한 탓이라고 본다.

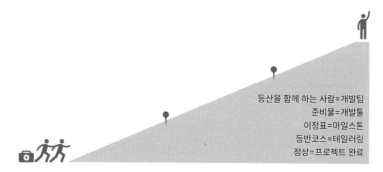

등산을 함께 하는 사람=개발팀
준비물=개발툴
이정표=마일스톤
등반코스=테일러링
정상=프로젝트 완료

프로젝트를 수행하는 과정을 등산에 빗대어 살펴보자. 프로젝트에 착수하기 전에 우선 정상에 올랐을 때의 자신의 모습을 상상한다. "어떻게 정상에 오를 것인가?", "무엇이 필요한가?"를 먼저 생각하는 것과 마찬가지다. 이렇게 상상하면 등반 코스는 어떻게 정할지, 어떤 등산 장비를 갖춰야 할지 알 수 있어서 준비를 잘할 수 있다. 이는 프로젝트 목표를 기반으로 규모와 일정에 따라 어떤 프로세스를 적용하여 개발을 진행할지 정하는 것과 같다. 등산을 하다 보면 코스를 이탈해서 원점으로 돌아가거나 지쳐서 중간에 포기할 수도 있다. 하지만 등산 경험이 많은 사람이 제시간에 정상에 오를 수 있는 것처럼, 프로젝트 수행 경험이 많은 사람일수록 변수가 발생해도 잘 대처하여 프로젝트를 성공적으로 이끌 수 있다.

더욱이 AI와 IT 산업은 빅데이터, 사물인터넷, 클라우드, 메타버스 등 신기술을 기반으로 하는 서비스와 금융, 제조, 물류, 유통, 공공시장 등 기본의 산업과 융합하여 새로운 시장을 만들어나가고 있다. 이러한 시장 확대를 바탕으로 다양하고 새로운 서비스가 제공되며, 이는 프로젝트를 기반으로 한다. 시스템 통합(정보 시스템을 개발하고 운영하는 모든 서비스 제공)뿐 아니라 시스템 관리(IT 인프라 및 어플리케이션 등의 IT 자원을 관리하는 일), IT 아웃소싱(정보기술 서비스를 전문 회사에 맡겨서 운영) 관련 산업도 지속적으로 성장하고 있으며, 코로나19로 인해 디지털 트랜스포메이션이 더욱 빠르게 이루어지고 있다. 이로 인해 IT 서비스 산업은 점점 복잡해지고 규모가 커지고 있어서 이러한 현실에 대처하기 위해서는 전문 인력의 확보와 체계적인 프로젝트 수행이 더욱 중요해졌다.

이 책에서는 프로젝트 순서에 따라 해야 할 일을 체계적으로 정리해놓았다. 필자는 2009년부터 PMP Project Management Professional로서 이론 강의도 많이 했고, PM을 하면서 실전에 이론을 어떻게 적용해야 할지 고민해왔다. 이를 토대로 인공지능 서비스 개발을 포함한 IT 솔루션 개발 프로젝트 관리 역량을 향상시키고 싶은 개발자, 사업 관리자, 프로젝트 관리자, 투자자, CEO에 이르기까지, 프로젝트 성공을 위한 역량을 키울 수 있도록 인공지능을 포함한 IT 사업의 모든 내용을 책에 담으려고 노력했다. 이 책이 프로젝트를 체계적으로 수행하는 데 도움이 되길 바랄 뿐이다.

서문_챗GPT vs. 바드,
위대한 생성형 AI의 서막

<u>프로젝트 성공을 위해서는 체계적인 프로세스가 필요하다</u>

"Google is done(구글은 끝났다)." 영국 《인디펜던트》의 2022년 12월 3일 기사 제목이다. 이 기사는 대화형 인공지능 서비스 챗ChatGPT를 소개하며, 구글이 끝났다고 선언했다. 챗GPTGenerative Pre-trained Transformer가 과연 무엇이기에 이렇게 극단적으로 이야기한 것일까?

챗GPT는 테슬라의 일론 머스크와 링크드인 공동 창업자인 리드 호프먼 등 IT 업계 거물들이 힘을 합쳐 2015년에 설립한 오픈AI라는 회사에서 만들었다. 공동 창업자들이 각자 소유한 회사에서 AI 관련 비즈니스를 하고 있지만, 그와 별개로 오픈AI는 세계에서 가장 큰 규모의 개발 프로젝트를 진행하고 있다.

그렇다면 생성형 AI인 챗GPT는 왜 주목받는 것일까? 처음 AI가 소개되었을 당시 기계학습Machine Learning은 데이터를 사람이 분류해야 해서 일정 수준 이상으로 성능이 나아지지 못했다. 이를 개선하기 위해 인공신경망, 빅데이터, GPUGraphics Processing Unit를 기반으로 데이터 자체를 이해해서 학습을 진행하는 딥러닝Deep Learning 기술이 확대되었다. 딥러닝은 이전의 기계학습의 한계를 극복하는 계기가 되었다.

생성형 AI인 챗GPT는 이를 뛰어넘는 초거대 AI다. 즉, 데이터 자체가 없어도 결과를 생성할 수 있는 모델이다. 이제 인공지능 기반의 챗봇인 챗GPT만 있으면 보고서는 물론, 소프트웨어 개발에 필요한 소스 코드도 쉽게 구할 수 있다. 구글 또한 챗GPT에 대항할 수 있는 바드Bard를 서둘러 소개했으나, 일부 정보의 오류로 인해 실패했다. 인공지능 플랫폼 서비스를 제공하는 구글이 세상에 처음으로 내놓은 제품에서 오류가 발생하면서 상당한 타격을 입었고, 곧바로 주가는 10% 이상 하락했다. 구글의 CEO인 피차이는 바드의 초기 실패 이후 구글 직원들에게 업무 시간 중 2~4시간은 바드에 할애하게끔 지시했고, 현재는 전 세계에 바드 서비스를 제공하고 있다. 여전히 경쟁하고 있는 챗GPT와 바드의 사례를 살펴보면 두 회사 모두 세상을 거대한 변화로 이끄는 혁신적인 프로젝트를 수행하는 공통점이 있다. 지금까지는 챗GPT가 여러 면에서 목표에 더 근접한 것으로 보인다. 이렇듯 프로젝트 수행에 있어서 품질은 매우 중요하다. 제품이나 서비스의 품질은 잘 짜여진 프로세스의 결과물이므로, 프로세스는 프로젝트를 성공으로 이끌기 위해 매우 중요하다.

정부에서도 예전부터 AI 활용 확대, 데이터 인프라 구축에 대한 정책을 토대로 AI 서비스 시장을 확대하기 위해 지원하고 있었는데, 챗GPT 발표 이후로 AI 지원책을 추가로 내놓으며 이러한 열풍에 합류했다. 그러나 정책이 꼭 성공으로 이끄는 것은 아니며, 성공적인 프로젝트 목표 달성을 위해 지원이 필요하다.

프로젝트 수행을 위해 사전에 확인할 사항

정부 지원 사업을 포함하여 필자가 경험한 바로는 착수 시점부터 목표가 명확하지 않은 프로젝트가 많았다. 그러면 일정과 예산, 품질에 영향을 미치며, 결국 프로젝트 참여자들이 납기일을 앞두고 밤을 새워가며 일을 마쳐야 한다. 또한 개발된 제품이나 서비스의 품질이 떨어져 경쟁력을 갖추지 못

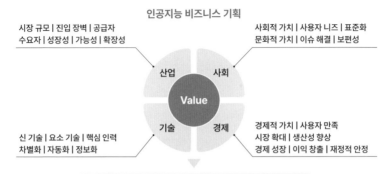

인공지능 비즈니스 기획

시장 규모 | 진입 장벽 | 공급자
수요자 | 성장성 | 가능성 | 확장성

사회적 가치 | 사용자 니즈 | 표준화
문화적 가치 | 이슈 해결 | 보편성

산업　　사회

Value

기술　　경제

신 기술 | 요소 기술 | 핵심 인력
차별화 | 자동화 | 정보화

경제적 가치 | 사용자 만족
시장 확대 | 생산성 향상
경제 성장 | 이익 창출 | 재정적 안정

인공지능의 성공적인 비즈니스를 위해서는 산업의 시장 구조를
잘 이해하고 있어야 하며, 사용자의 가치를 향상시킬 수 있는
인공지능 기술 현황을 잘 파악하고 있어야 함

해 기일이 지나고도 프로젝트를 종료하지 못하고 지속해서 인력을 투입하는
경우도 있었다.

인공지능 사업은 품질이 경쟁력을 좌우한다. 즉, 정확도가 중요하다는 뜻이
다. 바드의 사례에서 보듯 한 번 오류가 나면 시장에서 신뢰를 잃는다. 제대로
갖춰진 비즈니스 모델이 아니면 수익을 거둘 수 없고, 심지어 개발한 솔루션
자체가 사업화되지도 못할 것이다. 인공지능 솔루션 개발의 시작은 비즈니스
기획에서부터 시작한다. 비즈니스 기획은 사용자의 가치와 기업의 이익을 추
구하므로 산업적, 경제적, 기술적, 사회적 가치를 고려해야 한다. 다음의 그림
에서 보듯 "산업적, 경제적, 기술적, 사회적 가치를 고려한 비즈니스 모델 기획
이 이루어졌는가? 이러한 비전이 프로젝트 참여자들과 공유되었는가?"라는
물음에 답해야 제대로 비즈니스 기획을 세울 수 있다.

기업의 비즈니스는 크게 3가지로 구분할 수 있다. 첫째, 현재 보유한 솔루션이
있는 경우다. 보유한 솔루션이 있다면 기업은 살아남기 위해서 어떻게든 이를
팔아야 한다. 둘째, 연구 과제 수행을 통해 신규 솔루션을 개발하는 것이다.
바로 사업화하기보다는 실패해도 시도한 것만으로도 인정받을 수 있는 연구

과제를 확보해야 한다. 즉, 미래에 기업의 가치를 높이려면 세상에 없는 기술을 확보할 필요가 있다. 셋째, 신 사업을 위한 서비스의 개발이다. 신 사업은 기업의 생존을 좌우할 만큼 중요한 활동이다. 따라서 기업은 신 사업을 위한 솔루션 개발에 심혈을 기울여야 한다.

그렇다면 인공지능 신규 솔루션 개발을 위해 가장 고려해야 할 점은 무엇일까? 먼저 인공지능 서비스를 제공받는 사람들에게 가치가 있어야 한다. 이것은 판매에도 영향을 미치기 때문에 항상 사용자의 가치를 기준으로 개발한다. 또한 기업의 이익을 창출할 수 있어야 한다. 자본주의 사회에서 기업은 돈의 흐름에 따라 생존이 결정된다. 새로운 서비스는 기업에 이익을 가져다주어야 한다. 이를 기준으로 비즈니스 모델을 정립하고 새로운 서비스를 개발해야 한다. 결국 가치있는 인공지능 비즈니스 모델을 프로젝트로 수행해서 기업의 이익을 가져다주는 서비스를 제공하는 것이 인공지능 비즈니스의 목적이라고 할 수 있다.

그러려면 단순히 소프트웨어를 설계하여 개발하는 것이 아니라 분명한 목표를 세워 달성해야 한다. 인공지능 서비스 개발 프로젝트를 수행하려면 먼저 다음의 질문에 답할 수 있어야 한다.

- 프로젝트의 목표를 잘 알고, 사용자에게 제공될 가치에 대해 자긍심을 느끼는가?
- 프로젝트 참여자들은 최종 결과물에 대한 가치를 공유하는가?
- 개발될 인공지능 서비스를 사람들이 사용하고 있는 모습이 떠오르는가? 어떤 문제가 있을까?
- 개발될 인공지능 서비스는 사람들에게 많은 관심과 호응을 얻을 수 있을까?
- 개발될 인공지능 서비스는 기업의 매출과 이익 증진에 이바지할 수 있을까?

이런 질문에 제대로 답할 수 있다면 비즈니스 모델과 서비스 개발 준비가 잘 된 것이다.

인공지능 기반 솔루션 개발 프로세스란?

인공지능 기반의 솔루션을 개발하기 위해 우선 고려할 사항을 살펴보았다. 이 장에서는 인공지능 기반 서비스를 개발하는 절차를 설명하고, 인공지능 솔루션을 사업화하는 단계를 제시하여 이해를 돕고자 한다.

1. 인공지능 기반 서비스 개발 프로세스

유전자와 건강 검진 데이터를 기반으로 질환을 예측하는 인공지능 솔루션을 개발한다고 하자. 시작하기 전에 깊이 있게 서비스 시나리오를 생각하지 않고 다짜고짜 프로젝트를 진행하면 처음부터 혼란에 빠질 가능성이 높다. 프로젝트에 본격적으로 착수하기 전에 서비스의 목표를 상상해보고, 이런 솔루션이 실현되면 세상은 어떻게 바뀔지, 어떤 가치가 있을지 고려해야 한다.

서비스 목표를 세우면 솔루션을 개발하기 위한 프로세스를 적용한다. 헬스케어 산업에서는 의료기기 인허가를 필요로 한다. 의료기기 인허가를 받으려면 알고리즘의 성능이 중요한데, 그 기초가 되는 것이 인공지능 학습 데이터를 구축하는 것이다. 그러려면 데이터 구축 단계부터 데이터의 유효성 및 신뢰성 등을 충분히 검토해야 한다. 이렇게 알고리즘의 성능이 확보되면 사용자의 편의성을 고려하여 소프트웨어 개발을 완료한다.

2. 솔루션 개발 프로세스

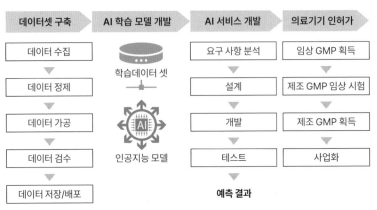

[그림 1-1 인공지능 기반 솔루션 개발 프로세스]

[그림 1-1]은 인공지능 솔루션 개발을 위한 절차를 나타낸 것이다. 먼저 인공지능 개발을 위해서는 알고리즘 기반의 인공지능 모델을 구축해야 하기 때문에 이에 필요한 데이터셋을 구축하여 학습시켜야 한다. 데이터 학습이 완료되면 알고리즘 성능을 검증하여 인공지능 모델을 완성한다. 이후 해당 인공지능 모델을 서비스할 수 있는 응용프로그램을 개발하는 것이 AI 서비스 개발 단계다. 헬스케어 산업의 경우 인공지능 모델의 성능이 검증되지 않으면 의료 및 보안 사고가 우려되기 때문에 임상 및 의료기기 제조에 필요한 인허가를 식약처로부터 받아야만 사업화할 수 있다. '3. 인공지능 모델 개발'부터 이에 대해 설명하려 한다.

3. 인공지능 모델 개발

(1) 데이터 학습

AI 모델을 구축하려면 수집된 데이터를 정해진 클래스에 따라 학습하고, 이를 모델로 만들어야 한다. 그러려면 수집된 데이터에 대한 기계학습을 진행하고 이를 통해 모델화한다. 기계학습은 수집된 데이터를 활용하여 컴퓨터를 학습시키는 방법이다. 예를 들면 수백만 개의 이미지와 영상을 기반으로 암을 진단하도록 애플리케이션을 훈련시킬 수 있다.

1) 인공지능과 기계학습Machine Learning

인공지능은 사람의 지능과 같은 능력을 컴퓨터를 통해 구현하는 것이고, 기계학습은 학습 모형을 기반으로 컴퓨터가 수집된 데이터를 스스로 학습하는 것이다.

2) 기계학습 알고리즘 유형

■ 지도학습Supervised Learning

명시적인 정답이 주어진 상태에서 입력과 출력으로 모델을 훈련시키는 방식이다. 입력은 모델이 풀어야 할 문제이고 출력은 모델이 맞춰야 할 정답 같은 것으로, 문제에 대한 답을 주는 방식으로 데이터를 훈련시킨다.
예) 아무것도 모르는 아이에게 "이런 이미지가 강아지야"라고 교육하는 것과 마찬가지로, 각종 강아지 사진을 보면서 확실하게 개념을 알게끔 하는 것

■ 비지도학습Unsupervised Learning

명시적인 정답이 주어지지 않은 상태에서 학습하는 방법으로, 모델의 훈련 결

과를 평가하기 어렵다.

예) "이런 이미지가 강아지야"라고 별도의 학습 과정을 거쳐 학습하게 하는 것이 아니라, 컴퓨터가 "이런 이미지가 강아지군"이라며 자율적으로 깨닫게 하는 것

■ 준지도학습 Semi-supervised Learning

명시적인 정답과 정답이 주어지지 않은 데이터를 학습시키는 방법으로 모델 성능을 향상하는 것이다.

예) 강아지 이미지 몇 장을 학습시키고, "이런 이미지가 강아지야"라고 확인할 수 있게 하는 것

■ 강화학습 Reinforcement Learning

알고리즘이 거쳐야 하는 단계에 보상 값을 연결하는 방법으로, 모델의 목표는 가능한 한 많은 보상 포인트를 축적하여 최종 목표에 도달하는 것이다. 상호작용이 가능한 시스템을 구축할 수 있다.

예) 이세돌 9단과 바둑을 둔 알파고 같은 것으로, 엄청난 데이터를 기반으로 스스로 교육해서 터득하는 것

■ 딥러닝

복잡한 문제 해결을 위해 인간의 뇌를 형상화한 인공신경망을 적용한 것으로, 여러 층의 인공신경망을 쌓아 만든 알고리즘이다. 목표 없이 데이터 자체를 이해하는 방식으로 학습을 진행하여 기계학습의 한계를 극복할 수 있다.

■ **자기지도학습** Self-supervised Learning

레이블이 없는 데이터를 학습하는 방식으로, 챗GPT와 같은 생성형 AI를 가리킨다. 특정한 목표를 달성하기 위한 것이 아니라 일반화를 위한 모델로, 데이터 분포 학습을 통해 없는 데이터를 생성하도록 한다.

■ 인공지능 vs. 기계학습 vs. 딥러닝
- 인공지능: 인간의 지적 능력을 컴퓨터를 통해 구현하는 기술
- 기계학습: 컴퓨터가 데이터를 기반으로 스스로 학습해서 추론할 수 있도록 하는 기술
- 딥러닝: 인공신경망을 활용하여 컴퓨터가 스스로 데이터를 분석하여 학습하는 기술로, 기계학습의 성능 한계를 극복하는 데 기여

(2) 데이터셋 구축

인공지능 서비스를 개발하기 위해서는 학습을 기반으로 한 인공지능 모델이 필요한데, 그 기초가 학습 데이터셋이다. 학습 데이터셋은 데이터 수집, 정제, 가공, 검수, 저장 및 배포의 과정을 거쳐 구축한다.

데이터 (Raw)	기계학습 (머신러닝)	학습 데이터셋	학습 모델
1. 원천 데이터 수집	2. 데이터 학습		3. 학습 모델 완성

[그림 1-2 데이터 구축 및 학습 모델 개발 절차]

1) 학습 데이터 구축 절차

구분	주요 업무	참여자
1단계 원천 데이터 수집	인공지능 학습에 필요한 원천 데이터를 수집하고 생성하는 단계 • 데이터 수집 기준 수립 - 어떤 데이터를 얼마나 수집할 것인가? - 정상 데이터와 비정상 데이터의 기준 정의 • 데이터 포맷 기준 정의 • 메타데이터 정의 • 개인정보보호법 준수 방안 마련 • 데이터 수집자 교육	• 데이터셋 구축 담당자 • 데이터 수집자
2단계 데이터 정제	수집한 데이터를 학습에 필요한 형식으로 전환하고, 불필요하거나 중복된 데이터를 제거하는 단계 • 오류 데이터의 삭제 및 수정	• 데이터 수집자
3단계 데이터 정제	인공지능이 학습에 활용할 수 있도록 수집한 원천 데이터에 필요한 정보를 표시하는 단계 • 데이터 라벨링 작업 교육 • 라벨링 작업의 수행 - 바운딩 박스 등을 통해 데이터 정보 표시(정상/비정상 등) • 라벨링 데이터 요약 작업 및 분류	• 데이터 수집자 • 데이터 관리자
4단계 데이터 검수	가공한 데이터의 신뢰성을 확보하기 위해 전문가에 의해 확인하는 단계 • 전문가를 통한 검수 - 교차 판독 수행 • 데이터 유효성의 평가 • 학습 데이터 평가 및 성능 검증	• 데이터 검수자
5단계 데이터 저장	검수 완료된 데이터를 저장하고 배포하기 위한 단계 • 데이터 저장 및 배포 방식 정의 • 데이터 관리 방안 마련	• 데이터 관리자

[표 1-1 데이터 구축 절차]

데이터셋 구축 단계에서는 데이터 왜곡으로 인한 오류를 최소화하고, 특히 민감한 정보를 다루는 분야에서는 데이터를 안전하게 관리해야 한다.

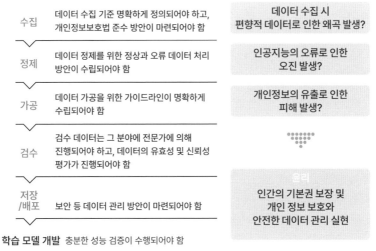

[그림 1-3 AI 데이터 구축 시 고려해야 할 점]

데이터는 수집 단계에서 저장/배포 단계까지 절차적 안정성이 보장되어야 하고, 인공지능 알고리즘은 오류를 최소화하기 위해 충분히 성능을 검증해야 한다.

2) 학습 데이터 구축 사례
왼손/오른손 데이터를 기반으로 학습 데이터셋을 구축하는 과정을 구글에서 제공하는 티처블 머신teachable machine(https://teachablemachine.withgoogle.com/train)
을 활용하여 설명할 것이다.

■ 데이터 수집

다양한 각도에서 찍은 '왼손'과 '오른손' 이미지 데이터를 수집한다.

[그림 1-4 '왼손'과 '오른손' 이미지 데이터 수집]

■ 데이터 학습

수집한 '왼손'과 '오른손' 이미지 데이터를 학습 툴을 활용해 학습시킨다.

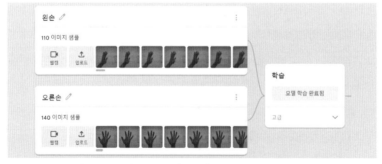

[그림 1-5 기계학습 기반으로 '왼손'과 '오른손' 이미지 데이터 학습]

■ 인공지능 모델 개발

학습이 완료되면 학습 모델을 통해 실제 '왼손'과 '오른손' 이미지를 입력하여 출력 결과를 확인한다.

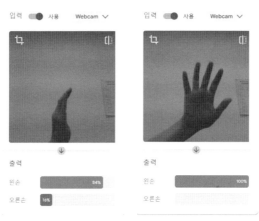

[그림 1-6 인공지능 모델 결과 확인]

(3) 알고리즘 성능 검증

1) 데이터 품질 검증 지표

인공지능 모델의 성능은 서비스의 신뢰성 및 유효성을 확보하는 데 매우 중요한 요소로, 데이터에 대한 품질 검증이 반드시 필요하다. 데이터의 품질 검증은 구축 공정, 구축 데이터, AI 학습 모델로 구분할 수 있다.

■ 구축 공정 품질

데이터셋을 구축하기 위한 준비가 합당한 절차에 따라 진행되었는지, 다양한 차원에서 검증하는 것이다.

■ 구축 데이터 품질

구축한 데이터의 적합성과 정확성을 확보하기 위해 검증하는 것으로, 학습한 데이터 기준에 대한 적합성, 기술적 적합성, 통계적 다양성, 의미의 정확성과 구분의 정확성을 확보해야 한다.

■ AI 학습 모델 품질

학습 데이터셋을 기반으로 개발한 인공지능 학습 모델 성능의 정확도를 확보한다. AI 모델의 성능 평가는 실제 값과 모델에 의해 예측된 값의 차이를 통해 확인할 수 있으며, 회귀 모델과 분류 모델로 구분할 수 있다. 만약, 실제 값에서 예측 값을 뺀 나머지가 0이면 오차가 없다. 즉, 모델 성능이 100%라 할 수 있다. 그러나 실제로 오차 없이 성능 100%인 모델은 존재하기 어렵다.

2) 회귀 모델 vs. 분류 모델

모델의 성능 평가는 모델링의 목적 또는 목표 변수의 유형에 따라 회귀(예측) 모델과 분류 모델로 구분할 수 있다.

모델링의 목적	목표 변수 유형	평가 방법
회귀(예측)	연속형	MSE, RMSE, MAE, MAPE 등
분류	범주형	민감도, 특이도, AUC 등

[표 1-2 예측(회귀) 모델과 분류 모델 비교]

여기서 회귀 모델은 연속적인 값을 예측하는 데 사용하는 것으로 예측 값과 실제 값의 차이를 계산하여 모델의 성능을 평가하고, 분류 모델은 이산적인 값을 예측하는 데 사용되므로 예측 결과가 맞는지, 아니면 틀린지를 계산해서 모델의 성능을 평가한다.

■ 회귀 모델 성능 평가 방법

회귀 모델의 평가 지표로는 MSE, RMSE, MAE, MAPE 등이 있는데, 오차 값이 작을수록 해당 모델의 성능이 좋다는 것을 의미한다.

구분	설명	평가식
MSE (Mean Squared Error: 평균 제곱 오차)	실제 값과 예측 값의 차이를 제곱해 평균한 것	$\mathrm{MSE} = \dfrac{1}{N} \displaystyle\sum_{i=1}^{N} (y_i - \hat{y}_i)^2$
RMSE (Root Mean Squared Error: 평균 제곱근 오차)	MSE값은 오류의 제곱을 구하므로, 실제 오류의 평균보다 값이 더 커질 수 있어서 MSE에 루트를 씌운 것	$RMSE = \sqrt{\displaystyle\sum_{i=1}^{n} \dfrac{(\hat{y}_i - y_i)^2}{n}}$
MAE (Mean Absolute Error: 평균 절대 오차)	실제 값과 예측 값의 차이를 절대값으로 변환해 평균을 낸 것	$\boldsymbol{MAE = \dfrac{1}{N} \displaystyle\sum_{i=1}^{N} |y_i - \hat{y}_i|}$
MAPE (Mean Absolute Percentage Error: 평균 절대 비율 오차)	MSE, RMSE의 단점을 보완한 것	$MAPE = \dfrac{100}{n} \displaystyle\sum_{i=1}^{n} \left| \dfrac{y_i - \hat{f}(x_i)}{y_i} \right|$

■ 분류 모델 성능 평가 방법

하나의 목표를 기반으로 여러 분류 모델을 만드는 경우, 그중 어떤 모델을 선정할 것인지 판단할 때 사용한다. 분류 모델의 평가 지표는 민감도, 특이도, ROC 곡선, AUC 등을 산출한다. 다만, 유병률에 따라 양성 예측도, 음성 예측도를 추가적으로 산출하는 경우도 있다.(여기서 평가 변수는 후향적 임상시험*을 고려한다.)

■ Confusion Matrix

구분	판정	목표 변수 유형	평가 방법
정상인 사람(음성)		True Positive	False Positive
환자(양성)		False Negative	True Positive

- TP(True Positive): 양성 판정→실제 양성
- TN(True Negative): 음성 판정→실제 음성
- FP(False Positive): 양성 판정→실제 음성
- FN(False Negative): 음성 판정→실제 양성

˅ True의 경우 '예측 값이 실제 값과 같다'
˅ False의 경우 '예측 값이 실제 값과 다르다'
˅ Positive는 예측 값이 양성, Negative는 예측 값이 음성

» 정확도Accuracy=(TP+TN)/(TP+FP+TN+FN): 전체 중에 예측 값이 맞은 확률

» 민감도Sensitivity or Recall=TP/(TP+FN): 특정 질병에 걸린 사람들 중에 그 질병에 있다고 분류해내는 확률(예: 임상시험 시 감염자의 검사 결과가 양성으로 나올 확률)

» 특이도Specificity=TN/(FP+TN): 실제 특정 질병이 없는 사람들 중에 그 질병이 없다고 분류해내는 확률(예: 임상시험 시 비감염자의 검사 결과가 음성으로 나올

---

*후향적 임상시험: 임상시험 시 피험자를 모으는 대신, 기존의 진료 또는 임상시험을 통해 획득한 의료용 데이터를 이용하여 의료기기의 유효성을 검증하는 임상시험

확률)

» 정밀도Precision=(TP)/(TP+FP): 예측을 양성으로 분류한 것 중에 실제 값이 양성인 비율

» ROC 곡선Receiver Operating Characteristic Curve: 진단 검사 결과를 기반으로 민감도와 위양성률(1-특이도)을 이용해 나타낸 그래프로, 양성과 음성을 구분하는 진단의 성능을 평가할 수 있다.

» AUCArea Under the Curve: ROC 곡선의 아래 면적으로, 진단 정확도를 의미한다. 0.5~1.0 사이의 값이며, 1에 근접할수록 이상적인 성능이다.

» 양성 예측도Positive Predictive Value: 특정한 특성을 가지고 있는 것으로 분류된 사람들 가운데 실제로 그 특성을 가지고 있는 사람이 차지하는 비율(예: 임상시험이 아닌 실제 검사 결과에서 감염자로 확인된 비율)

» 음성 예측도Negative Predictive Value: 특정한 특성을 가지고 있는 것으로 분류된 사람들 가운데 실제로 그 특성을 가지고 있는 사람이 차지하는 비율(예: 임상시험이 아닌 실제 검사 결과에서 비감염자로 확인된 비율)

■ 성능 검증 예시

전체 1,000명의 위암 검사자를 대상으로 위암 판정이 다음과 같을 경우, 정상인 검사/암 환자/전체 정확도는?

구분 판정	정상 판정(음성)	환자 판정(양성)
정상인 검사자(음성)	977(TN)	3(FP)
위암 환자(양성)	2(FN)	18(TP)

» 민감도(위암 환자의 정확도): TP/(TP+FN)=18/(18+2)=90%

» 특이도(정상 검사자의 정확도): TN/(FP+TN)=977/(3+977)=99.69%

» 정확도(전체 정확도): (TP+TN)/All=995/1,000=99.5%

※ 여기서 전체 정확도는 99.5%이고, 위암 환자의 정확도는 90%로 정확하게 반영되지 않는다. 따라서 AUC-ROC 곡선으로 정확도를 보완한다.

■ 민감도와 특이도, FPR와 Threshold의 관계

» 민감도와 특이도는 서로 반비례하기 때문에 민감도를 올리면 특이도는 떨어진다.

» 임계 값을 낮추면 더 많은 양성 값을 얻기 때문에 민감도는 높아지고 특이도는 낮아진다.

» 임계 값을 높이면 더 많은 음성 값을 얻기 때문에 특이도는 높아지고 민감도는 낮아진다.

» FPRFalse Positive Rate은 '1-특이도'이므로 TPRTrue Positive Rate을 높이면 FPR도 증가하고, TPR이 떨어지면 FPR도 떨어진다.

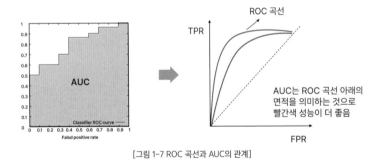

[그림 1-7 ROC 곡선과 AUC의 관계]

■ AUC-ROC 곡선

» 다양한 임계 값에서 모델의 분류 성능을 측정한 그래프로, AUC가 높다는 것은 클

래스를 구별하는 모델의 성능이 좋다는 의미이며, 임상에서 정상과 환자를 구분하는 모델의 성능 평가로 자주 사용된다.

- ROC: 모든 임계 값에서 분류 모델의 성능을 보여주는 그래프로, TPR=TP/(TP+FN)이 y축에 있고, FPR이 x축에 있는 좌표평면으로 나타낼 수 있다. (여기서 TPR은 민감도와 같고, FPR은 '1-특이도'와 같음.)
- AUC: ROC 곡선 아래 면적

» 성능 측정 방법
- 성능 좋은 모델은 AUC가 1에 가깝고, 좋지 않은 모델은 0에 가깝다.
- 0.5는 클래스 분류 능력이 전혀 없다.

① 다음 그림에서 붉은색 분포 곡선을 양성(TP), 파란색을 음성(TN)이라고 할 때, 매우 이상적으로 두 곡선이 겹치지 않기 때문에 양성 클래스와 음성 클래스를 완벽하게 구분할 수 있다. 이 경우, ROC 곡선은 (0,1)을 지난다.

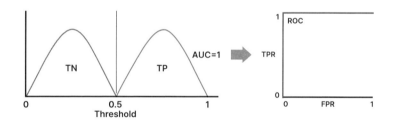

② 다음의 그림과 같이 AUC가 0.7이면 양성 클래스와 음성 클래스를 구별할 수 있는 확률이 70%라는 뜻이다.

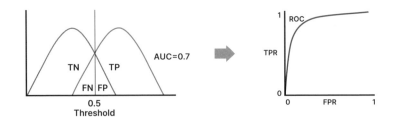

③ 다음의 그림과 같이 AUC가 0.5이면 양성 클래스와 음성 클래스를 구별할 수 있는 능력이 없다.

④ 다음의 그림과 같이 AUC가 0이면 클래스를 반대로 예측할 수 있다.

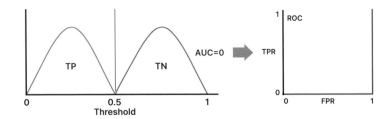

3) AI 학습 모델 성능 검증 사례

AI 성능 검증은 구축된 데이터셋의 유효성 검증뿐 아니라 개발한 솔루션의 서비스 확보를 위해 가장 중요한 활동이며, 성능을 검증하는 다음의 근거 자료가 정확하게 제시되어야 한다.

시험 데이터

- 시험 데이터 항목(예: 과거 병력, 병기, 크기 등)

- 시험 데이터 선정 기준(대상 환자군이 시험에 부합한다는 근거 제시)

- 시험 데이터 수집 출처(예: ○○○기관)

- 시험 데이터 수(예: ○○○데이터 ○○개)

시험 방법

- 성능 평가 방법(예: 데이터 특성에 따라 ○○으로 그룹핑하여 ○○ 모델 적용)

- 성능 평가 산식

- 시험 평가 항목(예: 민감도, 특이도, 정확도, AUC 등)

성능 검증 결과

- 적용 모델: Gradient Boosting
- 시험 데이터: 0,000건
- 성능 목표: AUC 90% 이상

- 검증 결과 Hyper Parameter tuning을 통해 최적의 parameter combination 을 선정하며 테스트한 결과 AUC 93% 이상의 성능을 달성함

Accuracy	Sensitivity	Specificity	ROC-AUC
87.09 %	85.07%	87.46%	93.64%

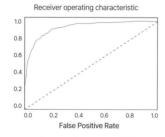

Metric	Value
AUC	93.64
Accuracy	87.09
Precision	55.10
Sensitivity	85.07
Specificity	87.46
NPV	97.00
F1-score	66.88
Negatove F1-score	91.98

$$f1 = \frac{2 \times prercision \times sensitivity}{prercision + sensitivity}$$

$$negativef1 = \frac{2 \times NPV \times specificity}{NPV + specificity}$$

[그림 1-8 AI 학습 모델 성능 검증 결과 사례]

(4) AI 솔루션 개발

1) 비즈니스 모델 확정

비즈니스 모델은 조직이 사용자의 가치를 실현하고, 기업의 이익을 창출하는 데 중요한 역할을 한다. 따라서 비즈니스 모델을 구체화하는 것은 사업의 연속성을 확보하기 위해 아주 중요한 활동이라 할 수 있다. 만약 비즈니스 모델이 구체화되지 않으면 사업을 전개할 때 많은 어려움을 겪을 뿐 아니라 사업을 유지하기가 힘들 것이다.

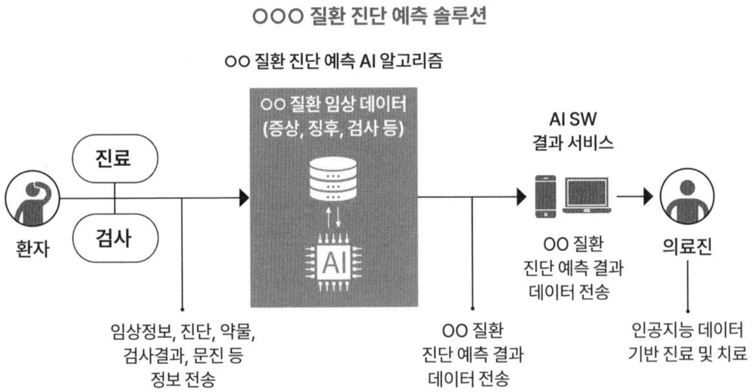

[그림 1-9 의료 인공지능 서비스 비즈니스 모델 예시]

[그림 1-9]는 인공지능 서비스 비즈니스 모델의 사례로, 비즈니스 모델을 구체화하기 위해서는 다음과 같은 사항을 고려해야 한다.

» 잠재 고객: 해당 솔루션의 가치를 제공할 수 있는 고객의 목록화 및 범주화

» 고객 관계: 해당 솔루션의 잠재 고객과 우리의 관계, 연결 가능성

» 사업 방안: 해당 솔루션의 사업을 전개하기 위한 영업, 의사소통 방안

» 솔루션 가치: 사용자를 위한 솔루션의 가치, 고객의 가치 확보를 위한 제안 내용

- » 시장 규모: 해당 산업의 시장 규모(글로벌/국내), 사업의 확장성

- » 차별화 기술: 핵심 기술과 자원의 차별성, 가치의 차별성

- » 파트너 관계: 아웃소싱 등 외부에서 특정 기술과 자원의 확보를 통한 가치 향상

- » 비용: 사업 전개에 드는 비용

- » 수익: 사업으로 벌어 들일 수 있는 매출

결론적으로 비즈니스 모델은 조직의 구조와 프로세스, 사업을 실현시킬 수 있는 전략적 청사진이라 할 수 있으며, 비즈니스 모델을 확정하고 나면 이를 구체적으로 실현하기 위한 서비스 개발 전략을 수립해야 한다.

인공지능 기반 솔루션을 구축하기 위해서는 자체적으로 인프라를 구축하는 온-프레미스 방식과 플랫폼을 활용한 클라우드 방식을 적용할 수 있는데, 플랫폼을 활용한 방식이 비용이나 개발 효율성 측면에서 유리하다.

헬스케어 인공지능 플랫폼

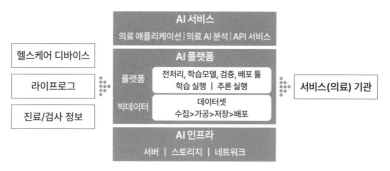

[그림 1-10 헬스케어 인공지능 플랫폼 예시]

■ 온-프레미스on-premise 방식

소프트웨어 개발 시 자체적으로 인프라(서버) 환경을 구축해서 운영하는 방식

(전통적인 방식)

- 장점

  - 자체적으로 인프라를 구축하여 비즈니스 모델을 단순화할 수 있음

  - 인프라 사용에 대한 가시적인 모니터링이 가능

  - 인프라 부서와 개발팀 간의 효율적 의사소통

- 단점

  - 인프라 측면에서 데이터 보안을 위한 추가 비용 발생

  - 인프라 구축을 위한 자원, 생산성 측면에서 비효율적

  - IT 환경 업그레이드 및 유지 관리가 쉽지 않음

■ 클라우드 기반 플랫폼 활용 방식

서버, 스토리지 등의 IT 인프라를 제공하고, 사용한 만큼 비용을 지불하는 방식

- IaaSInfrastructure as a Service: 서버, DB, 스토리지 등 인프라만을 서비스로 사용하고 비용을 지불함

- PaaSPlatform as a Service: 서버, DB, 스토리지뿐 아니라 운영체제, 미들웨어, 프레임워크 등 소프트웨어 개발 도구까지 지원하여 개발을 효율적으로 진행함

2) 솔루션 개발

비즈니스 모델이 확정되고 인프라까지 구축 방안까지 수립되면, 솔루션을 개발하기 위한 준비 단계가 마무리된 것이다. 이후로 본격적으로 소프트웨어를 개발하기 위한 계획을 수립하고 진행해야 한다.

솔루션 개발은 프로젝트 개발 단계별로 프로세스를 적용하여 수행한다.

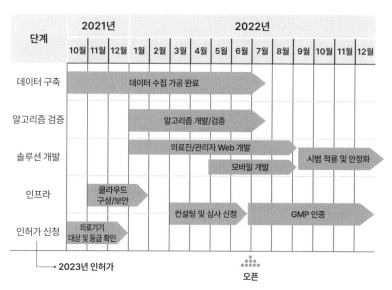

[그림 1-11 인공지능 솔루션 개발 일정 예시]

① 요구 사항 분석: 사용자에게 가치를 제공하기 위한 목표 서비스의 업무 절차와 기능을 분석하고 적용하기 위한 절차다.

② 설계: 정의된 요구 사항을 어떻게 시스템으로 구축할 것인지 구성 요소별로 설계하고, 구체적인 테스트 케이스를 도출한다.

③ 개발: 설계서를 기반으로 프로그램을 코드로 전환하는 작업을 수행하고, 단위 테스트를 실시한다.

④ 테스트: 프로그램 간에 상호 기능 및 인터페이스 정상 작동 여부를 점검하고, 성능 목표 달성 여부를 시스템 테스트를 통해 확인한다.

⑤ 시스템 이행: 테스트 완료된 시스템을 실제 운영 환경에 설치하여 운용한다.

헬스케어 산업은 인공지능 기반 서비스 사업을 수행하기 위해서는 반드시 의료기기 인허가 절차를 거쳐야 한다. 개발한 소프트웨어의 검증Validation, 사이버 보안, 사용 적합성 평가 및 임상시험을 거쳐 최종 제조 GMPGood Manufacturing Practice를 획득하면 의료기기 인허가를 받을 수 있다.

3) 의료기기 인허가 획득

기계학습 기술이 적용된 의료기기Machine Learning-enabled Medical devices, MLMD는 기계학습 방식으로 의료용 데이터를 학습하고 특정 패턴을 인식하여 질병을 진단·예측하거나 환자에게 알맞은 맞춤 치료법을 제공할 수 있는데, 이렇게 기계학습 기술이 적용된 제품을 의료기기로 관리해야 할 필요성을 검토하고 심사·허가를 통해 서비스를 제공하도록 하는 것이 목적이다.

[그림 1-12 의료기기 인허가 절차]

■ 의료기기 인허가 세부 절차

| 1단계 | 2단계 | 3단계 |

임상 GMP 획득

1) 품목 질의 및 허가
의료기기 해당 여부 확인
사용 목적과 방법 결정
유사 제품 확인
품목명 및 등급 결정
2) 기술 문서 제출 및 평가
기술 문서 작성 및 제출
안정성/유효성 검증
3) 현장 심사 및 인증
현장 심사 수행
임상 GMP 인증

임상시험

1) 임상 계획서 승인
임상 설계 및 계획서 작성
임상계획서 접수
임상계획서 승인
2) 임상시험 진행
임상시험 수행
임상시험 모니터링
SW Validation
의료기기 사이버보안 시험
SW 사용적합성 평가
3) 임상시험 결과 보고
시험성적서 확인
임상시험 결과 보고

의료기기 인허가 획득

1) 제조 GMP 심사
기술문서 작성 및 제출
기술문서 평가 및 현장 심사
의료기기 제고 허가 신청
2) 의료기기 인허가 획득
제조 GMP 인증
의료기기 인허가 획득

[그림 1-13 의료기기 인허가 단계별 수행 사항]

프로젝트 관리가 곧 목표 달성으로 이어진다

프로젝트는 특정 제품이나 서비스 혹은 결과물을 만들기 위해서
일시적으로 착수한 노력의 과정이다. 프로젝트는 목표를
달성하기 위한 일련의 활동이며, 목표를 달성하기 위해 기술과
기법, 지식 등을 프로젝트 활동에 적용하는 것이 프로젝트 관리다.

1. 프로젝트의 특성

프로젝트는 고객 또는 투자자가 제한된 조건으로 요청한 결과물을 만들어내야 한다. 여기서 주목해야 할 점이 있다면 바로 제한된 조건하에 해내야 한다는 것이다. 즉, 예산과 자원의 한계가 분명하게 정해져 있으므로 다음과 같은 특성을 잘 파악하여 진행해야 한다.

첫째, 특정한 목적이 있다. 프로젝트는 수행하는 이유가 있으며, 프로젝트를 수행할 정당성은 프로젝트를 시작하기 전에 고객이 정한다. 둘째, 시작과 끝이 있다. 프로젝트는 시간이 무한정으로 주어지지 않으므로 특정 목적을 달성하는 데 가장 중요한 제약이 된다. 셋째, 제한된 예산 내에서 완료해야 한다. 어떤 비즈니스도 예산에는 한계가 있다. 즉, 목적, 시간, 예산이 프로젝트의 3대 제약 요건이다. 프로젝트를 수행할 때는 항상 제약이 따른다는 것을 인지해야 하며, 이러한 제약을 극복해서 결과물을 창출하는 것이 프로젝트다.

[표 2-1]을 살펴보면 사업 착수부터 종료까지 프로젝트 과정 전반에 걸쳐서 목표 달성에 저해가 되는 요소가 상당히 많다는 것을 알 수 있다. 따라서 프로젝트에 참여하는 사람은 모두 프로젝트 착수 시점부터 위험 관리에 대한 절차를 숙지하고 이에 대응할 수 있도록 교육해야 한다.

프로젝트 단계별 리스크 관리

단계 설명		리스크 & 관리
착수	프로젝트 목표를 기반으로 범위를 확정하고, 이해관계자를 식별/분석	• 프로젝트 범위의 모호함 • 제안한 요구 사항과 개발할 요구 사항의 차이 발생 • 불필요한 요구 사항 정의 　개발 범위 설정 및 인수 기준의 명확화 • 주요 이해관계자 식별 및 성향이 파악되지 않음 　프로젝트 키맨 식별 및 성향 파악
계획	프로세스별(범위/일정/자원/품질/위험/의사소통 등) 계획을 수립	• 무리한 일정 계획의 수립 　개발 범위의 세분화 및 　버퍼를 고려한 일정 계획 수립 • 일정 변경 프로세스의 부재 　프로젝트 변경에 대한 기준 수립
실행	프로젝트 계획 수립을 기반으로 요구 사항을 개발	• 부적합한 인력 투입 　평상 시 기술력이 충분한 인력 육성 • 팀원 간 갈등 발생 　리더십 강화, 전문 PM 투입 • 팀원의 퇴사 　사전 대체 인력 방안 마련 • 공급업체 역량 부족 　지속적 모니터링 및 피드백 수행
모니터링 & 통제	프로젝트 성과를 관리하고, 변경을 통제	• 예상하지 못한 품질 비용 발생(성능 목표 달성 실패 등) 　품질 기준의 명확화, 무리한 품질 보장 X 　예상하지 못한 품질 비용 발생(성능 목표 달성 실패 등) • 팀원 역량 부족에 따른 품질 문제 발생 　개발 단계별 품질 보증 활동 수행
종료	프로젝트 자산을 갱신하고, 종료	• 고객과 프로젝트 목표에 대한 차이가 발생하여 종료 시점 지연 　고객과 프로젝트 정보의 지속적 공유 • 비용 초과로 인한 손해 발생 　프로젝트 착수 시 예비비를 고려한 예산 산정

[표 2-1 프로젝트 단계별 리스크 관리]

2. 프로젝트 관리

프로젝트 관리는 프로젝트의 제약 사항을 극복하고, 고객 또는 투자자가 요구한 목표를 달성하기 위해 기술, 기법, 지식 등을 프로젝트 활동에 적용하는 것이다. 그러려면 프로젝트 활동의 3대 제약 조건을 균형 있게 관리해야 한다. 그러므로 범위, 일정, 비용을 균형 있게 관리하고, 고객이 요청한 품질을 확보하여 결과물을 창출하는 것이 프로젝트와 프로젝트 관리의 가장 큰 목적이라 할 수 있다.

(1) 프로젝트 관리 영역

영역	설명
통합 관리	프로젝트의 다양한 요소들을 적절하게 통합하고 조정하는 프로세스
범위 관리	프로젝트에서 필요한 업무를 정의하고 관리하기 위한 프로세스
일정 관리	프로젝트의 납기 준수를 위한 프로세스
원가 관리	승인된 예산 내에서 프로젝트를 완료하기 위한 프로세스
품질 관리	프로젝트에 주어진 요구 사항과 품질 목표를 달성하기 위한 프로세스
자원 관리	프로젝트에 포함된 자원을 최대한 효과적으로 활용하기 위한 프로세스
의사소통 관리	프로젝트 수행 정보를 적절하게 생성, 취합, 배포, 보관하기 위한 프로세스
위험 관리	프로젝트의 위험을 체계적으로 식별, 분석, 대응, 통제하기 위한 프로세스
공급업체 관리	프로젝트 외부에서 제품이나 서비스를 확보하기 위한 프로세스
이해관계자 관리	이해관계자들의 기대 사항을 관리하고, 적극적으로 참여시키기 위한 프로세스

[표 2-2 프로젝트 관리 영역]

(2) 프로젝트 관리의 이점

- ✓ 사업의 제약 요소를 효율적으로 관리할 수 있다.
- ✓ 사업 진행 현황을 점검하여 불확실한 미래를 예측할 수 있다.
- ✓ 프로젝트의 변경 사항을 효율적으로 관리할 수 있다.
- ✓ 사업에 참여하는 이해관계자들 간에 효율적으로 의사소통할 수 있다.
- ✓ 프로젝트의 지식을 축적하여 나중에 활용할 수 있다.

(3) 프로젝트 관리 과정

프로젝트는 시작과 끝이 있으므로 프로젝트 관리 과정은 착수, 계획 수립, 실행, 감시 및 통제, 종료 단계로 구분할 수 있다. 각 단계별 특징은 다음과 같다.

구분	설명
착수	• PM 선정 및 상위 수준의 요구 사항과 위험을 정의 • 이해관계자의 요구 및 기대 사항을 상위 수준의 요구 사항으로 변환 • 프로젝트 목표 달성 방안 수립 및 적용해야 하는 프로세스와 표준 확인 • 프로젝트 일정과 예산을 추정
계획 수립	• 프로젝트 계획서 작성 및 제약 조건에 대해 문서화 • 세부 요구 사항 정의 및 프로젝트 범위에 대해 이해관계자와 최종 합의 • WBS 작성 일정 예산 계획의 수립 • 팀원의 명확한 역할 정의
실행	• 프로젝트 계획서 이행 및 프로젝트 진행 현황 관리 • 모든 이해관계자의 기대 수준을 설정 및 관리하고, 이슈 발생 시 처리 • 시정 조치, 예방 조치, 결함의 수정 등이 포함된 프로젝트 변경의 수행 • 요구 사항 만족을 위한 작업 결과 달성 및 품질보증 절차 수행

감시 및 통제	• 관리 계획에 포함되어 있는 측정 계획에 따라 프로젝트 성과 측정 및 편차 확인 • 일정, 비용의 관리 및 모든 이해관계자에게 성과 보고 • 신규 발생 위험의 관찰과 존재하는 위험의 재분석
종료	• 프로젝트의 모든 요구 사항 달성 여부 확인 • 고객으로부터 제품에 대한 최종 승인 및 공식적인 사인 획득 • 최종 보고서 작성, 자원의 해체, 프로젝트 학습 효과(Best Practice, Lessons Learned) 수집 정리

[표 2-3 프로젝트 관리 단계]

프로젝트 단계에 따라 비용 부담과 이해관계자의 영향력, 위험의 강도가 달라
진다.

1) 프로젝트 라이프사이클과 비용 부담 정도

프로젝트를 진행할수록 비용과 자원을 점점 많이 투입해야 하지만, 종료 시점
이 가까워질수록 이러한 부담은 사라진다.

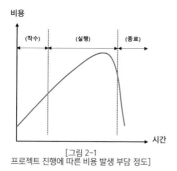

[그림 2-1
프로젝트 진행에 따른 비용 발생 부담 정도]

2) 이해관계자의 영향도

이해관계자의 영향도는 프로젝트가 끝나
갈수록 줄어든다.

3) 프로젝트 라이프사이클과 리스크
관계

프로젝트는 목표를 달성하기 위해서는

리스크를 지속적으로 완화해야 한다. 그러므로 리스크가 발생하기 전에 프로젝트에 부정적인 영향을 주지 않도록 관리한다.

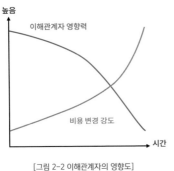

[그림 2-2 이해관계자의 영향도]

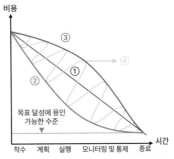

[그림 2-3 프로젝트 라이프사이클과 리스크 관계]

① 프로젝트 단계별로 리스크 상태를 확인한다.

② 리스크 관리가 쉬운 프로젝트

    - 프로젝트 범위를 명확하게 정의한 경우

    - 충분히 기술적으로 검토한 후 수행하는 경우

    - 역량 있는 인력을 투입한 경우

③ 불확실성이 높은 프로젝트

    - 프로젝트에 착수할 때 프로젝트 범위를 명확히 하지 않은 경우

    - 기술적으로 검토하지 않은 경우

    - 적합한 인력이 투입되지 않은 경우

④ 프로젝트의 리스크 현황

    - 리스크는 어떻게 대응하는가에 따라 달라진다.

리스크가 발생하면 프로젝트 목표에 큰 저해 요소가 되는 만큼, 프로젝트 초

기부터 리스크가 발생하는지, 어떤 리스크인지 모니터링하고 관리해야 한다.
한편 프로젝트 과정은 프로덕트 과정과 비슷한데, 프로젝트는 목표를 달성하
면 종료되지만, 프로덕트는 제품이 없어지기 전까지는 끝나지 않는다.

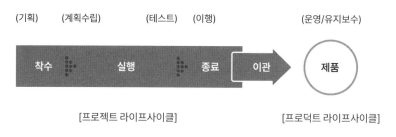

[프로젝트 라이프사이클]　　　　　　　　　[프로덕트 라이프사이클]

[그림 2-4 프로젝트와 프로덕트 과정]

3. 프로젝트 조직 구조

프로젝트의 조직 구조를 이해하기 위해서는 먼저 프로젝트에 참여하는 이해관계자가 어떻게 구성되는지 알아야 한다. 이해관계자는 프로젝트 수행에 주요한 의사결정을 내리며, 그 결과에 따라 영향을 받거나 줄 수 있는 개인이나 집단을 의미한다.

이해관계자	설명
고객/사용자	프로젝트의 제품, 서비스, 결과를 사용하는 개인 또는 조직
투자자	프로젝트에 필요한 자본 등을 제공하는 개인 또는 조직
PMO 그룹	프로젝트 목표 달성 여부를 진행 단계별로 모니터링하고 이를 상위 조직에 보고하여 프로젝트 전반에 걸쳐 위험을 관리하는 그룹
프로젝트 관리자	프로젝트의 목적을 달성하기 위해 수행 조직에서 임명한 관리자
프로젝트팀	프로젝트 관리자, 프로젝트 관리팀, 팀원으로 구성되며, 프로젝트의 업무를 수행하기 위해 서로 다른 그룹에서 특정한 지식, 전문 분야, 기술을 보유한 집합체
기능 부서 관리자	행정적 업무 또는 기능 분야의 관리 책임을 지는 관리자 (일반 부서의 부서장을 의미)
비즈니스 파트너	프로젝트에 따른 계약 또는 필요에 의해 포함된 외부 조직 (판매자(Seller), 판매 회사(Vendor), 공급자(Supplier), 계약자(Contractor)라고도 부름)

[표 2-4 프로젝트 이해관계자]

4. 프로젝트 조직 구조의 특징

구분	기능 부서 단위 조직	사업 부서 단위 조직			프로젝트 중심 조직
		약함	중간	강함	
PM 권한	없음 또는 거의 없음	제한적	낮음~중간	중간~높음	높음~ 거의 전부
자원의 가용성	없음 또는 거의 없음	제한적	낮음~중간	중간~높음	높음~ 거의 전부
프로젝트 예산 통제	기능 관리자	기능 관리자	혼합적	프로젝트 관리자	프로젝트 관리자
프로젝트 관리 역할	파트타임	파트타임	파트타임	풀타임	풀타임

[표 2-5 프로젝트 조직 구조]

기능 부서 단위의 조직은 PM의 권한을 기능 부서(경영 지원, 재무 관리 등)에 부여해서 프로젝트를 수행하는 반면, 프로젝트 중심 조직은 PM에게 권한을 집중적으로 부여하여 자원과 예산을 통제하는 특징이 있다.

사업 부서 단위 조직은 기능 부서와 프로젝트 중심 조직의 중간 단계로 사업 부서 단위 조직이 강할수록 PM의 권한이 강하다.

프로젝트
라이프사이클에
맞춰 각 과정을
상상하라

모든 비즈니스의 시작은 상상에서 시작한다. 프로젝트도 결과를
상상하는 것부터 시작한다. 프로젝트 결과를 분명하게 머릿속에
그려놓고 목표를 향해 간다면 원하는 목적을 달성할 수 있다.

1. 인공지능 서비스 목표를 정확히 하라

목적지를 향해 갈 때는 여러 갈래길이 있을 것이다. 그런데 구성원이 목적지에 도달하기 위해 각자 다른 길로 간다면 모두 제시간에 도착한다고 보장할 수 없다. 하지만 모든 사람이 목적지에 도달하는 길을 하나로 정하고 간다면 같은 시간에 도착할 것이다. 프로젝트도 마찬가지다. 비즈니스 목표를 명확하게 정한다면 결국 구성원 모두 원하는 목표에 집중할 것이고, 이는 성공적인 프로젝트의 토대가 된다.

그렇다면 비즈니스 목표를 명확히 하기 위해서는 어떻게 해야 할까? 먼저 프로젝트 참여자 전원이 프로젝트의 핵심 가치를 이해하고 그 가치에 집중해야 한다. 프로젝트를 개별적으로 분류해서 목표를 세우면 서로 원하는 가치가 충돌하면서 갈등을 피할 수 없을 것이다. 그다음으로, 프로젝트의 가치를 측정해야 한다. 프로젝트의 후원자가 비전을 수립하면 프로젝트 조직은 사업 전략과 연계하여 프로젝트의 가치를 측정한다. 가치 측정에 중요한 항목은 고객 측면에서의 가치와 기업 측면에서의 가치로 나눌 수 있다. 고객층, 고객과의 관계, 채널, 핵심 파트너, 핵심 자원, 비용 구조, 우수 기술 확보, 사용자의 참여로 이러한 가치를 측정하며, 이 중에서도 사용자의 적극적인 참여가 매우 효과적인 측정 도구다.

인공지능 프로젝트를 수행하기 전에는 비즈니스 목표가 명확한지 확인하기 위해 엘리베이터 피치*를 수행해보는 것이 좋다. 그 인공지능 서비스가 개발되었을 경우 사용자의 핵심 가치를 신속하고 간단하게 설명할 수 있다면 비즈

---

*엘리베이터 피치(elevator pitch): 어떤 제품이나 서비스에 대한 가치를 빠르고 간단하게 요약하여 설명하는 것

니스 목표가 명료하다고 본다.

프로젝트 참여자들이 공통의 이해를 기반으로 프로젝트 목표를 명확하게 수립하고, 신속하게 작업이 완료될 수 있도록 계획을 세워서 동료와 성숙한 협력을 통해 업무를 수행한다면 프로젝트 성공 확률은 매우 높아질 것이다.

2. 프로젝트 인수 기준을 정의하라

초기에 프로젝트 인수 기준을 정하는 것은 프로젝트 성공에 가장 중요한 요소다. 프로젝트는 특정한 목표가 있고, 일정과 예산의 제한이 있다. 제한적인 상황에서 목표를 달성하기 위해서는 우선 할 일을 정해진 기간과 예산에 맞춰 정해야 한다. 그러나 필자가 경험한 바에 의하면 초기에 기준을 명확하게 정의하기보다는 점진적으로 확정하는 경향이 있다. 고객과 프로젝트팀이 바라보는 목표에 차이가 있기 때문이다. 고객은 좀 더 많은 기능과 서비스를 원하고, 프로젝트팀은 제한된 기간 내에 할 수 있는 작업만 하려고 하기 때문이다. 프로젝트팀 입장에서는 프로젝트 초기부터 고객과 마찰이 생기는 것을 피하고 싶어 한다. 그렇다고 명확한 기준 없이 프로젝트를 진행하는 것은 더 큰 리스크가 따르기 때문에 프로젝트 초기에 인수 기준을 정한다.

고객과의 마찰을 피하면서 범위를 확정하려면 어떻게 해야 할까? 첫째, 고객의 성향을 잘 파악한다. 그중 키맨이 누구이고, 그가 원하는 것이 무엇인지 먼저 고려한다. 둘째, 논리적으로 설득한다. 목표가 무엇이고, 이를 달성하는 데 제한 요소가 무엇인지 잘 설명한 후, 프로젝트 성공을 위해 해야 할 일을 정하고 모두가 납득할 만한 기준에 따라 범위를 제시한다. 셋째, 프로젝트 목표와 범위를 합의한다. 구두로 합의한 것은 언제나 바뀔 수 있으며 프로젝트를 진행하면서 바뀌는 것은 필연적이다. 프로젝트팀은 이러한 변경 사항을 줄이도록 노력해야 하며, 이와 관련된 내용은 기록으로 남겨둔다. 이를 범위 기술서라 한다.

프로젝트 범위 기술서 내용

1. 프로젝트의 목적

2. 제품 내용: 고객에게 제공할 제품과 서비스의 기능 및 특성

3. 프로젝트 요구 사항: 프로젝트에 참여하는 이해관계자의 요구 사항

4. 산출물 목록

5. 제품의 인수 기준(검수 조건)

6. 프로젝트 제약 조건

7. 초기 위험

8. 프로젝트 일정 및 예산

9. 조직도

프로젝트 범위 기술서가 작성되면 이를 토대로 상위 수준의 WBS Work Breakdown Structure를 작성한다. 이를 일정 관리표라고 하는 경우도 있는데, 잘못된 것이다. WBS는 프로젝트에서 수행해야 할 업무를 수직적, 수평적으로 계통 분할한 구조도를 가리킨다. 따라서 범주화하여 작성해야 한다. 필자의 경험상 많은 사람들이 WBS를 제대로 작성하는 것을 상당히 어려워한다. 그래서 이전 프로젝트의 WBS를 활용하여 작성하고 이를 토대로 일정 관리를 하기도 하는데, 이는 크게 문제를 일으킬 수 있다. 프로젝트는 고유의 목적과 특성이 있어서 다른 프로젝트와 같을 수 없기 때문이다. 전체 프로젝트 범위를 범주화하여 계통도로 정의하는 것은 어렵지만, 경험을 쌓으면서 잘 판단하면 극복할 수 있을 것이다.

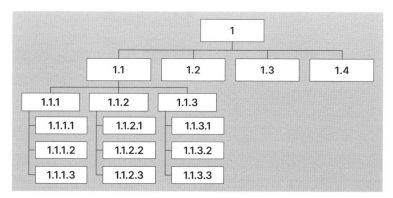

[그림 3-1 WBS 계층 구조도]

이와 같이 프로젝트 범위를 수직적, 수평적으로 범주화하여 정의하면 다음과 같은 이점이 있다.

첫째, 의사소통을 효율적이고 신속하게 할 수 있다. 예를 들어 병원 정보 시스템을 구축한다고 가정해보자. 병원은 진료, 입원, 응급, 원무 등으로 업무를 범주화하여 구분할 수 있다. 만약 범주화하지 않으면 병원을 제대로 묘사하여 설명할 수 없을 것이다.

둘째, 예측이 가능하다. 병원 정보 시스템 중에 진료 범주는 의사가 환자를 진찰하고 치료하는 일임을 쉽게 예측할 수 있다. 이렇게 범주에 대한 지식을 쌓아가고 활용하면 사고 과정을 더 효율적이고 신속하게 할 수 있다.

이렇듯 프로젝트 범위를 분할하여 범주화하는 것, 즉 WBS를 잘 작성하는 것은 프로젝트를 예측하고 신속하게 판단할 수 있도록 해주므로 매우 효율적이다.

3. 프로젝트 테일러링

(1) 개발 방법론

1) 폭포수Waterfall 모델

① 정의

- 가장 기본이 되는 고전적인 모델로, 정해진 단계를 강조하여 순차적·하향식으로 개발을 진행하는 것

- 계획 수립, 요구 분석, 설계, 구현, 시험·시범 적용 과정순으로 순차적으로 접근하여 수행한다.

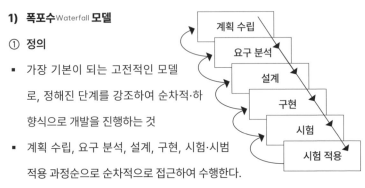

단계	수행 내용
계획 수립	시스템 목표의 정의
요구 분석	기능적, 비기능적 요구 분석
설계	요구 사항을 하드웨어와 소프트웨어로 표현
구현	프로그램 코딩, UI 구현
시험	요구 사항을 구현했는지 확인
시험·시범 적용	운영 환경 설치 및 오픈

[그림 3-2 폭포수 모델]

② 적용 형태 및 고려 사항

- 기술적으로 위험부담이 적고, 이와 유사한 프로젝트를 경험한 적이 있는 경우
- 명확하게 요구 사항이 정의되어 있는 경우

2) 프로토타입Prototype 모델

① 정의

- 신속하게 시제품을 개발하여 사용자가 미리 시각적으로 개발 내용을 확인하게 함으로써 기술적인 문제의 해결 가능성을 미리 확인하는 개발 모델

단계	수행 내용
요구 분석	핵심 요구 사항의 식별
시제품 설계	시제품의 목표 설정 및 기능 설계
시제품 개발	UI 기반으로 한 시제품 개발
시제품 평가	• 개발될 시스템을 기초로 고객이 시제품을 평가 • 오류 확인 및 추가적인 요구 사항 도출
시제품 개선	• 필요 시 시제품의 시정 요청 • 요구 사항을 만족시킬 때까지 과정을 반복
전체 개발	전체 시스템의 개발
설치/인수	시스템 설치 및 인수

[그림 3-3 프로토타입 모델]

② 적용 형태 및 고려 사항

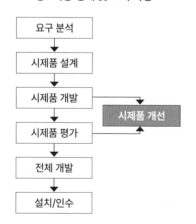

- 요구 분석이 어렵거나 불명확한 경우
- 사용자가 원하는 시스템의 업무 기능을 구체적으로 제시하지 못할 경우
- 사용자와 의사소통이 원활하며, 개발 타당성을 검토하고자 할 경우
- 불완전하지만 간단하게 작동하는 시제품(시스템)을 통해 기능성과 유용성을 미리 검토하는 경우

3) 반복 Iteration **개발 모델**

① **정의**

- 사용자의 요구 사항 또는 제품의 일부분을 반복적으로 개발하여 최종적으로
  시스템을 완성하는 모델

- 반복 개발 모델의 종류

  - 증분 개발 모델Incremental Development Model: 구조적인 관점에서 하향식 계층 구조
    의 형태로 수준별 증분을 개발하여 통합하는 방식

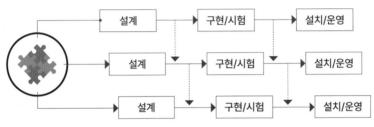

[그림 3-4 증분 개발 모델]

  - 폭포수 모델의 변형으로, 프로토타입 모형의 반복 개념을 선형 순차 모델 요소에
    결합한 것임

  - 프로토타입과 같이 반복적이지만, 각 증분이 갖고 있는 기능을 고객에게 인도하는
    데 초점을 맞춰서 진행(요구 사항을 명확하게 정할 경우)

  - 규모가 큰 개발 조직인 경우, 자원을 각 증분 개발에 충분히 할당할 수 있기 때문에
    각 증분을 병행하여 개발하여 개발 기간을 단축할 수 있음

  - 과도하게 증분하거나 병행 개발할 경우 위험이 더 커질 우려가 있으며, 증분 개발
    활동 간의 조율에 더 많은 노력이 필요할 수 있음

- 진화적 개발 모델Evolutionary Development Model: 시스템이 갖는 여러 구성 요소
  중 핵심 기능을 먼저 개발한 후 각 구성 요소를 개선·발전시켜나가는 방식

  - 다음 단계로 진화하려면 전체 진화 과정에 대한 개요가 필요함

- 시스템 요구 사항을 미리 정의하기 어려운 경우에 적용하기 좋음

- 프로토타입을 만들고 이를 다시 분석하여 요구 사항을 진화시키는 방식

- 요구 사항을 변경하기가 용이하며, 대부분의 객체 지향 방법론에 적용함

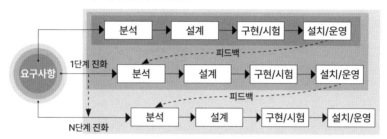

[그림 3-5 진화적 개발 모델]

- 1단계 진화: 시스템의 각 구성 항목의 핵심 부분을 포함한 최소한의 시스템을 개발

- 2단계 이후 진화: 이전 단계의 시스템에 추가 기능을 포함하여 개발 및 개선

4) 애자일Agile 개발 모델

① 정의

- 애자일 개발 프로세스는 특정한 개발 방법론이라기보다는 개발자 관점에서 페어 프로그래밍Pair Programming을 수행하여 고객에게 즉각적으로 피드백을 주고, 프로젝트에 참여하는 모든 이해관계자가 자주 의사소통하면서 비즈니스 변화에 빠르게 대응하는 것을 가리킨다.

- 애자일 선언문: '프로세스와 도구'보다는 '상호작용과 개인', '포괄적 문서화'보다는 '동작하는 소프트웨어', '계약 협상'보다는 '고객과의 협력', '계획 준수'보다는 '변화에 대한 응대'를 중요시한다.

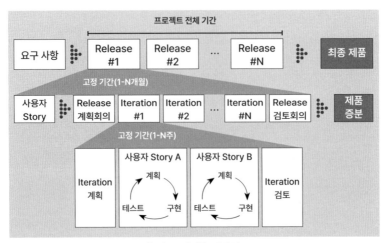

[그림 3-6 애자일 프로세스]

- 애자일 모델의 종류

  - 익스트림 프로그래밍Extreme Programming, XP: 고객과 함께 2주 정도 반복 개발을 진행하며, 테스트와 핵심 기능 개발을 특징으로 하는 명시적인 기술을 가짐

  - 스크럼Scrum: 30일마다 동작 가능한 제품을 제공하는 스플린트를 중심으로 매일 정해진 시간 및 장소에서 짧은 시간 개발하는 팀을 위한 프로젝트 관리

② 특징

장점	단점
• 개인적인 기술 수준 및 팀워크 향상 • 팀 전체 기술 수준 향상 • 시간 효율성, 생산성, 소프트웨어 품질 향상	• 팀 문화 선행 필요 • 이해관계자 간 갈등 관리 필요 • 개발 산출물 작성의 축소 우려

[표 3-1 예측(회귀) 모델과 분류 모델 비교]

③ 폭포수 모델과 애자일 프로세스의 차이

구분	폭포수 모델	애자일 프로세스
요구 사항 관리	초기에 요구 사항을 정의하고 엄격하게 변경된 요구 사항을 관리함	지속적으로 요구 사항을 개발하고 변경 사항을 수용함
계획 수립	상세한 계획 수립, 계획 기반 프로세스	계획 갱신 및 경험 기반 프로세스
설계	상세한 사전 설계	그때그때 설계
문서화	상세한 문서화	문서보다는 코드 강조
역할	엄격한 역할 분리	팀워크 중요

(2) 개발 마일스톤 및 공정도 정의

프로젝트 특성에 맞는 개발 방법론을 선정한 후, 해당 프로젝트의 마일스톤, 공정도, 공정표를 정의하여 테일러링 결과서를 작성한다.

1) 마일스톤 정의

마일스톤은 프로젝트 범위와 일정을 기반으로 기준선을 수립하여 개발 단계를 정의하는 것을 뜻한다.

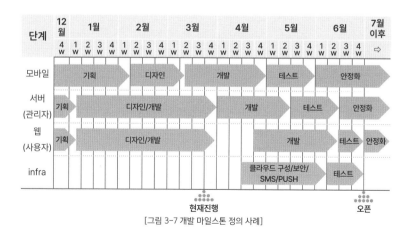

[그림 3-7 개발 마일스톤 정의 사례]

2) 공정도 정의

공정도는 프로젝트 과정을 기반으로 하여 작업의 흐름을 나타낸 것으로, 공정의 수행 순서와 관계를 파악할 수 있다.

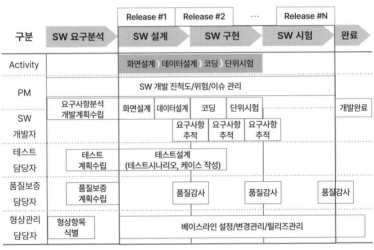

[그림 3-8 개발 공정도 사례]

3) 공정별 역할 정의

개발 공정도가 정의되면 공정별로 프로젝트 참여자의 역할을 정의한다.

	SW 요구분석	SW 설계	SW 구현	SW 시험	완료
Activity		화면설계 〉 데이터설계 〉 코딩 〉 단위시험			
PM	• SW 시스템 범위 및 구조파악 • 기능/비기능/Interface 요구사항 정의	• SW 개발 진척도, 위험, 이슈 관리 등 프로젝트 총괄 관리, Milestone 검토 • SW 설계 검토 및 결함 수정 조치	• SW 코딩 및 단위시험 • 검토		
SW 개발자	• 개발계획 수립 - 개발일정, 투입자원, 의사소통, 위험관리 등	• SW 설계 수행 • SW 설계 결함 수정 • SW 요구사항 추적	• SW 코딩 • SW 단위테스트 실시 • SW 요구사항 추적	• SW 통합시험 실시 • SW 통합시험 결과 결함 조치	SW 개발 완료보고서
테스트 담당자	• SW 테스트 계획수립 - 테스트 항목, 일정, 인수기준 등	• SW 테스트 설계 - 테스트항목/방법 정의 - 테스트케이스 작성	• SW 단위테스트 결과 • 확인/결함조치		
품질보증 담당자	• SW 품질보증 계획수립 - 품질감사 수행기준, 일정 등	• SW 설계 단계 말 • 품질 감사 수행 • 부적합사항 조치	• SW 구현 단계 말 • 품질 감사 수행 • 부적합사항 조치	• SW 시험 단계 말 • 품질 감사 수행 • 부적합사항 조치	
형상관리 담당자	• 형상관리 계획수립 • 형상항목식별, 형상관리 저장소 구축 등	• SW 설계 단계 베이스라인 설정 • 변경관리	• SW 구현 단계 베이스라인 설정 • 변경관리	• SW 시험 단계 베이스라인 설정 • 변경관리/릴리즈관리	
산출물	• SW 요구사항 명세서 • SW 개발계획서 • SW 테스트계획서	• SW 설계서 - 화면설계서 • SW 테스트 케이스	• SW 소스코드 • SW 테스트 케이스 (결과)	• SW 통합시험결과서	SW 개발완료보고서

표 상단: Release #1 / Release #1 / … / Release #1 / VAR

[그림 3-9 개발 공정별 역할 사례]

(3) 방법론 테일러링

프로젝트는 시작과 끝이 있다. 따라서 프로젝트를 수행하기 위해 가장 먼저 선행할 것은 프로젝트의 특성에 따라 적합한 과정을 정의하고, 조직의 개발 표준에 따라 테일러링하는 것이다. 테일러링은 사전에 정의된 조직의 개발 방법론을 프로젝트의 특성에 맞게 적용하기 위한 것으로, 사업의 범위, 일정, 자원, 예산 등을 고려하여 선정한다.

예를 들어 회사 내에 정보공학 개발 방법론이 구축되어 있고 프로세스를 기반으로 모델링하여 시스템을 구축하려 한다면, [표 3-2]와 같이 개발 기간 및 예산, 자원 등을 고려하여 테일러링을 진행한다.

테일러링은 조직 내 품질보증 담당자와 협의하여 진행하는 것이 좋고, 테일러링 결과서는 반드시 고객과 협의한 후 최종적인 산출물은 승인을 받도록 한다.

단계	액티비티	태스크	산출물	프로젝트 기간		
				3개월	6개월	6개월 이상
요구 사항 분석	요구 사항 도출	요구 사항 정의	요구 사항 정의서	O	O	O
		인터페이스 요구 사항 정의	요구 사항 정의서	O	O	O
		시스템 구축 범위 정의	범위 기술서			O
	프로세스 정의	업무 기능 및 프로세스 정의	기능 분해도	O	O	O
		프로세스 상세 내역 정의	프로세스 정의서			O
	데이터 모델링	데이터 모델 작성	데이터 모델(ERD)		O	O
		사용자 그룹 및 권한 정의	사용자 권한 정의서			O
	내외부 인터페이스 정의	인터페이스 대상 업무 식별 및 정의	인터페이스 정의서	O	O	O
	테스트 계획 수립	총괄 테스트 계획 수립	총괄 테스트 계획서		O	O
설계	아키텍처 정의	아키텍처 구성 및 개발 환경 검토	아키텍처 정의서		O	O
	시스템 설계	프로그램 목록 정의	프로그램 목록	O	O	O
		화면 설계	화면 설계서	O	O	O
		내외부 인터페이스 설계	인터페이스 설계서	O	O	O
	데이터 설계	데이터베이스 설계	테이블 정의서	O	O	O

구분	활동	작업	산출물			
	테스트 설계	시스템 테스트 케이스 정의	시스템 테스트 케이스		O	O
	테스트 설계	통합 테스트 케이스 정의	통합 테스트 케이스	O	O	O
개발	프로그램 개발	프로그램 코딩	프로그램 코드	O	O	O
	단위 테스트 수행	단위 테스트 케이스 정의	결함 관리 대장	O	O	O
	통합 테스트 수행	통합 테스트 실시 및 결과 검토	통합 테스트 결과서	O	O	O
테스트	시스템 테스트 수행	시스템 테스트 실시 및 결과 검토	시스템 테스트 결과서		O	O
	시스템 사용 교육	매뉴얼 작성	사용자 매뉴얼	O	O	O
	시스템 사용 교육	사용자 및 운영자 교육 실시	교육 결과서		O	O
	인수 테스트 수행	인수 테스트 실시 및 결과 검토	인수 테스트 결과서	O	O	O
이행	시스템 이행	시스템 이행	운영 시스템	O	O	O
	시범운영 실시	시범운영 실시	시범운영 일지			O

[표 3-2 테일러링 사례]

4. 통합 관리

프로젝트의 다양한 요소들을 적절하게 통합하고 변경을 통제하는 프로세스를 통합 관리라고 하는데, 프로젝트 전반에 걸쳐 필요한 활동을 통합하고 관리하는 것이다. 따라서 비즈니스의 전문성뿐 아니라 착수부터 종료까지 다양한 활동에 대한 전반적인 지식과 경험이 있어야 한다.

■ 인공지능 개발 시 고려 사항

인공지능 프로젝트는 착수부터 목표를 달성하기까지 복잡한 진행 과정을 거친다. 알고리즘의 성능을 확보하기 위해서는 피처(Feature, 원천데이터의 값)가 많은 영향을 미치는데, 프로젝트 전반에 걸쳐서 피처는 수시로 변경되기 때문에 이에 따라 변경 기준과 일정, 원가의 기준선이 명확해야 한다.

(1) 통합 관리 핵심 포인트 ─────────────────

프로젝트 통합 관리는 프로젝트 관리 프로세스를 통합하여 관리하는 것으로, 프로젝트의 변경 사항을 관리하는 것이 핵심이다. 프로젝트는 요구 사항을 기반으로 진행되므로 중간에 변경 사항이 생길 수밖에 없다. 변경이 발생하면 프로젝트 관리자는 고객 및 개발팀과 의견을 조율해야 하며, 프로젝트 참여자를 설득해야 할 수도 있다. 이때 프로젝트 관리자는 프로젝트 목표 달성에 초점을 맞춰 중심을 잡아야 하며, 고객을 포함하여 모든 이해관계자와 소통하고 리더십을 발휘해야 한다. 따라서 프로젝트 통합 관리를 위해서는 그 프로젝트에 가장 적합한 프로젝트 관리자를 투입하는 것이 중요하다.

복잡하게 진행되는 인공지능 프로젝트는 참여하는 이해관계자들이 원하는 사항이 서로 다르다. 발주처와 수행사의 비즈니스 이해 차이, 고객과 개발팀의 프로젝트 목표 수준 차이, 개발팀원 간의 업무 범위에 대한 차이 등으로 인해 지속적인 변경 사항이나 갈등이 발생하는데, 이를 제대로 관리하지 않으면 당연히 프로젝트의 리스크가 증가할 수밖에 없다. 프로젝트 관리자는 복잡한 프로젝트를 실행 가능하고 단순하게 만들어서 프로젝트 목표를 달성해야 한다. 그러려면 고객의 비즈니스를 정확하게 이해하여 요구 사항을 기준으로 범위를 확정하고, 확정된 범위를 기준으로 일정 계획을 수립하며, 프로젝트에 적합한 인력을 투입하고 적절한 의사소통 계획을 수립해야 한다. 이 과정에서 범위가 변경되면 일정도 수정되어야 하고, 위험 관리도 철저해야 한다.

어떻게 하면 복잡한 프로젝트의 특성을 실행 가능하고 단순하게 만들어서 원하는 목표를 달성할 수 있을까? 가장 중요한 것은 전문성을 갖춘 프로젝트 관리자를 투입하는 것이다. 복잡한 프로젝트를 성공적으로 이끌려면 비즈니스의 이해도가 높고, 프로세스, 계획, 프로젝트 관리에 풍부한 경험을 갖춘 전문적인 프로젝트 관리자가 필요하다. 전문 프로젝트 관리자가 적절한 의사소통을 통해 리더십을 발휘하면 복잡한 프로젝트를 효율적으로 이끌 수 있다. 그렇다면 프로젝트에 적합한 관리자가 갖춰야 할 능력은 무엇일까?

첫째, 비즈니스 전문성이 확보되어야 한다. 비즈니스 전문성은 프로젝트 관리자가 갖춰야 하는 가장 기본적인 요소다. 사업 분야에 대한 지식과 기술을 가져야 하며, 이를 바탕으로 효과적으로 의사소통할 수 있는 리더십을 발휘해야 한다. 아울러 프로젝트 착수부터 종료까지 비즈니스 이해를 바탕으로 선·후행 관리를 철저하게 프로세스화할 수 있어야 한다.

둘째, 프로젝트 관리 경험이 풍부해야 한다. 프로젝트 과정과 프로세스별 이슈를 정확하게 파악하여 전달하고, 문제가 발생하면 풍부한 경험을 바탕으로 의사결정하는 능력이 있어야 한다.

셋째, 훌륭한 리더십을 갖춰야 한다. 프로젝트 관리자는 고객과의 상호 관계를 친밀하게 수립하고 유지해야 하며, 팀원들 간의 갈등을 적극적으로 해결할 수 있는 리더여야 한다.

즉, 프로젝트 통합 관리를 위해서는 비즈니스와 프로젝트 관리 전문성을 갖춘 프로젝트 관리자를 확보해야 한다. 그래야 프로젝트 성공률이 높아진다.

(2) 통합 관리 절차

프로젝트 통합 관리는 프로젝트 관리 활동을 식별, 정의, 결합 및 조정하는 데 필요한 활동을 포함한 프로세스로, 다음과 같은 활동을 포함한다.

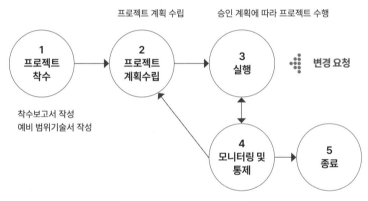

[그림 3-10 프로젝트 통합 관리 프로세스]

1) 프로젝트 착수(계획 단계)

프로젝트 착수 보고서는 프로젝트를 공식화하는 문서로, 프로젝트 종료를 최종적으로 승인하는 고객 또는 투자자가 승인한다.

- **해야 할 일: 프로젝트 착수 보고서 작성. 프로젝트 개요, 목표, 일정, 예산, 제약 조건, 프로젝트 참여자 등**

착수 보고서 승인이 끝나면 PM에게 프로젝트 수행을 위한 조직의 인력과 자원 사용에 대한 권한이 부여된다.

2) 프로젝트 계획 수립(계획 단계)

프로젝트 관리 영역별 계획을 프로젝트 전체적인 관점에서 통합하여 프로젝트 계획을 수립하는 프로세스로, 프로젝트의 실행, 모니터링 및 통제, 종료 방법을 정의한다. 프로젝트 관리를 위해서는 범위, 일정, 비용에 대한 기준을 수립하는 것이 중요하다. 이는 통제 단계에서 계획 대비 성과를 확인하기 위한 기준이 된다.

- 해야 할 일: 프로젝트 계획서 작성. 범위, 일정, 원가, 자원, 품질, 형상, 의사소통, 위험, 공급 업체 관리 등을 포함

프로젝트 관리 계획을 수립하여 통합할 때 가장 중요한 것은 범위, 일정, 원가에 대한 기준선을 수립하는 것이다.

3) 프로젝트 실행(실행 단계)

프로젝트 목표를 달성하기 위해 프로젝트 관리 계획서에서 정의된 작업을 수행하는 프로세스로, 프로젝트 관리자는 팀원과 함께 계획된 프로젝트 활동 수행을 지시하고 기술적, 조직적으로 인터페이스를 관리해야 한다.

- 해야 할 일: 프로젝트 현황 모니터링 및 통제. 프로젝트 계획 대비 진척률(범위, 일정, 원가 기준 대비 실적), 프로젝트 주요 이슈 및 리스크 파악

4) 프로젝트 작업 모니터링 및 통제(감시 및 통제 단계)

프로젝트 계획서에 정의된 성과 목표를 달성하기 위해 프로젝트 진행 상태를
추적, 검토, 조정하는 프로세스로, 프로젝트 모니터링은 프로젝트 전반에 걸
쳐서 수행해야 한다.

■ 해야 할 일: 프로젝트 진행 현황 모니터링. 계획 대비 실적 비교 및 성과 평가
(필요 시 시정 및 예방 권고), 기존 위험 모니터링 및 프로젝트 추가 위험 식별,
분석, 감시, 프로젝트 진척도 평가를 통해 향후 예측(일정, 원가 등)을 위한 적
절한 정보 제공, 승인된 변경의 이행 여부 모니터링

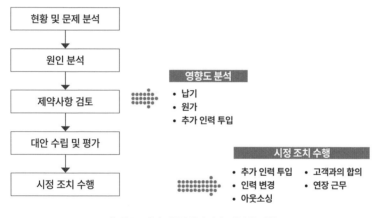

[그림 3-11 실적 편차 발생 시 시정 조치 수행 절차]

일반적으로 프로젝트의 공정이 20% 정도 지나면 경험이 많은 프로젝트 관리
자는 프로젝트 성공 여부를 가늠할 수 있다. 경험이 부족하더라도 프로젝트
의 위험 분석이 잘되어 있다면 어느 정도 파악할 수 있다. 이렇듯 프로젝트 초
기에 위험을 식별하는 것이 중요하다. 프로젝트 전체 진행 과정에서 발생하는

위험 중 프로젝트 초기에 식별되지 않은 것이 가장 큰 문제를 일으키기 쉬우므로, 조기에 위험을 식별하여 최대한 위험 발생 가능성을 낮춰야 한다.

5) 프로젝트 통합 변경 통제(감시 및 통제 단계)

프로젝트 수행 결과에 따른 인도물, 조직의 프로세스 자산, 프로젝트 계획서에 대한 모든 변경 요청을 검토 및 승인하는 등 변경 사항을 관리하는 프로세스로, 프로젝트 착수에서 완료에 이르기까지 전 과정에서 수행한다.

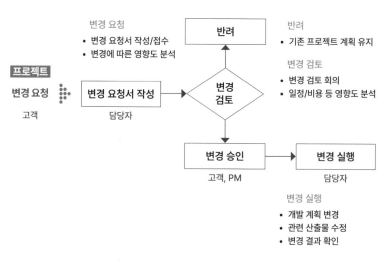

[그림 3-12 프로젝트 변경 요청 시 승인 절차]

변경 사항은 프로젝트의 납기, 품질, 손익에 직접적인 영향을 미치기 때문에 무엇보다도 중요한 프로세스로, 검토 없이 바로 변경 사항을 수용하면 납기 지연, 품질 저하, 비용의 추가 발생, 이익의 감소, 업무 증가 등의 결과를 초래할 수 있다.

6) 프로젝트 종료

프로젝트나 특정 프로젝트 단계를 공식적으로 완료하기 위해 모든 프로젝트 활동을 종료하는 프로세스로, 모든 행정적 종료 활동을 포함한다.

- 해야 할 일: 프로젝트 종료. 프로젝트에 대한 공식적인 종료 승인 획득, 프로젝트 산출물의 자산화, 팀원의 발령 해제

66

프로젝트 통합 관리 프로세스에서 가장 중요한 것은 프로젝트의 변경을 잘 통제하는 것이다. 프로젝트 이행 중 발생할 수 있는 작업 범위의 확대, 원가 또는 일정의 조정, 계약 내용 변경 등에 대한 통제 업무를 잘 수행하도록 한다.

99

5. 범위 관리

프로젝트 목표를 기반으로 필요한 업무를 정의하고 관리하는 프로세스로, 범위의 변경은 프로젝트 일정과 비용에 직접적인 영향을 미쳐서 기업의 이익과 연결된다. 대개 사용자는 지속적으로 요구 사항을 변경하고 개발자는 그에 따른 불만이 증가하곤 한다. 그러므로 프로젝트 관리자는 작업에 착수할 때부터 프로젝트 범위를 최적화하려 노력해야 한다.

■ 인공지능 개발 시 고려 사항

인공지능 개발의 경우 성능 확보를 위해 모델을 구성하는 피처를 변경하는 경우가 잦다. 이렇듯 자주 피처를 변경하는 것은 프로젝트에 착수하기 전에 서비스 개발 목표가 명확하게 정의되지 않았다는 방증일 수도 있다. 그러나 알고리즘의 성능이 원하는 만큼 나오지 않으면 불가피하게 변경할 수밖에 없다. 피처의 변경은 서비스 기능을 변경하게 하고, 결국 프로젝트 일정과 예산에 영향을 미친다.

(1) 범위 관리 핵심 포인트

프로젝트 범위 관리는 프로젝트 목표를 성공적으로 달성하기 위해 필요한 작업을 정의 및 완수하고, 불필요한 작업을 수행하지 않도록 하는 것이다. 프로젝트는 예산과 납기일이 정해져 있으므로, 범위를 한정하고 작업을 진행 및 관리해야 한다. 그러면 프로젝트의 최종 제품 및 서비스에 대한 종료 기준, 즉 사업의 결과물을 최종적으로 승인하는 인수 기준을 정의하는 것이 매우 중요하다. 이 기준이 수립되면 불필요한 업무를 배제하고 반드시 해야 할 일을 정해서 진행한다.

그러나 프로젝트 계획 단계에서 인수 기준을 명확하게 정의하고 다음 단계로 진행하기는 좀처럼 힘들다. 또한 계획 단계에서 인수 기준을 명확하게 수립해도 프로젝트를 진행하다 보면 인수 기준이 변경되는 일이 비일비재하다. 프로젝트의 범위를 변경하면 프로젝트의 위험이 커지고 실패 확률이 높아지므로, 프로젝트 전체 일정이나 비용에 영향을 줄 만큼 변경하면 프로젝트 목표 달성에 큰 위협 요인이 된다.

그러므로 프로젝트 초기에 사용자의 요구 사항을 명확하게 정의하여 합의하고, 변경을 최소화하는 것이 프로젝트의 성공률을 높이는 길이다. 그렇다면 요구 사항을 어떻게 정의하고 체계적으로 관리할 수 있을까? 요구 사항을 명확하게 정의하고 프로젝트 성공률을 높이기 위해 가장 중요한 활동 중 하나가 불필요한 업무를 하지 않는 것이다. 불필요한 업무를 배제하고 요구 사항을 잘 정의하기 위해서는 요구 사항 관리 프로세스를 적용하여 요구 사항을 도출하고, 이를 제품의 구성 요소별로 할당하여 이를 검증하는 절차를 체계화하며, 골드플레이팅(Gold-plating, 고객이 요구하지 않은 불필요한 업무를 수행하는 것)은 반드시 피해야 한다. 비즈니스 가치가 없는 일에 매달리는 것은 프로젝트에서 가장 위험한 일이다. 그러나 개발자가 고객이 요구한 사항이 필요한 것인지 불필요한 것인지 판단하기가 쉽지 않고, 고객과의 갈등을 원하지 않기 때문에 이를 식별하기가 쉽지 않다.

불필요한 요구 사항에 집중하는 것은 프로젝트의 위험을 크게 증가시키기 때문에 프로젝트 초기에 프로젝트 범위를 확대하지 않도록 한다. 그러려면 사업 목표를 기반으로 구축해야 할 시스템의 범위를 세분화하여 범위 최적화 작업을 진행한다. 이 과정에서 고객과의 갈등을 유발하지 않고 사용자의 이익을 극대화할 수 있는 사업 가치를 논리적으로 설득하는 것이 중요하며, 사용자와의 공감대를 형성하여 불필요한 업무를 줄인다. 프로젝트를 최적화하려면 다음과 같이 해야 한다.

첫째, 프로젝트 목표를 명확히 한다. 인공지능 솔루션 개발은 입력 값이 다양하게 정의될 수 있으므로 프로젝트 착수 시 개발 목표를 좀 더 세분화하여 정확하게 정의한다. 또한 비즈니스의 가치를 고려하여 고객의 이익을 최우선으로 하되 범위를 한정하여 불필요한 요구 사항을 배제한다.

둘째, 사용자의 기대 사항을 관리한다. 사업의 계획과 목표의 괴리를 줄이고, 프로젝트에 참여하는 이해관계자와 사용자가 프로젝트 결과에 만족할 수 있도록 기대 사항을 지속적으로 관리하여 품질을 높인다.

셋째, 지속적인 위험 관리가 필요하다. 쉽고 빠르게 진행할 수 있는 작업부터 수행하고, 어려운 작업은 나중에 진행하면서 위험을 식별해야 하며, 식별된 위험은 지속적으로 줄여가며 프로젝트의 성공률을 높인다.

(2) 범위 관리 절차

프로젝트 범위 관리는 사용자의 요구 사항을 수집하여 프로젝트의 범위를 한정하고 변경을 통제하기 위한 프로세스로 다음과 같은 활동을 포함한다.

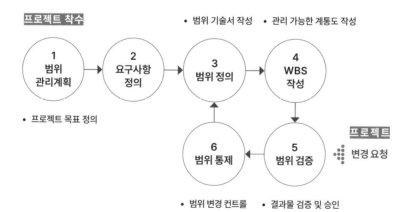

[그림 3-13 프로젝트 범위 관리 프로세스]

1) 범위 관리 계획 수립(계획 단계)

프로젝트 목표를 기반으로 전체 범위를 관리하기 위한 계획을 수립하는 단계다. 범위를 한정하고, 이를 위해 이해 당사자들을 설득할 수 있는 전략을 마련해야 한다.

- 해야 할 일: 범위 관리 계획 수립. 사업계획서 내 프로젝트 목표를 바탕으로 범위 관리 기준 수립, 프로젝트 수행 경험이 많은 인력을 투입하거나 이전 사례 등을 검토, 프로젝트 결과물에 대한 범위를 정의하고 검증 및 통제하기 위한 계획 수립

2) 요구 사항 정의(계획 단계)

프로젝트 목표를 충족하기 위해 사용자의 요구 사항을 정의하여 문서화하는 단계로, WBS의 토대가 되며 원가, 일정, 품질을 관리하기 위한 근거가 된다.

- 해야 할 일: 요구 사항 정의서 작성. 요구 사항 유형으로는 기능, 비기능(성능을 포함한 품질), 인터페이스 등이 있다. 제안서, 계약서 등을 토대로 요구 사항 목록 작성, 사용자와의 인터뷰 및 워크숍을 통해 요구 사항 확정

요구 사항을 단순하게 정의하기보다는 어떻게 고객과 합의, 조정하였는지가 더 중요하다. 그러므로 고객과 프로젝트팀이 명확한 목표를 기반으로 의사소통해야 하는 것이다.

3) 범위 정의(계획 단계)

프로젝트와 제품에 대한 상세 설명을 개발하는 프로세스로 상세 범위 기술서

를 작성하는 단계다. 범위 기술서는 프로젝트 착수 단계에서 주요 결과물과 가정 및 제약 사항을 근거로 작성해야 한다. 명확한 범위 기술서의 작성은 프로젝트 성공의 중요한 요소다.

- 해야 할 일: 제안서, 계약서, 요구 사항 정의서 등을 통해 범위 기술서 작성. 범위 기술서에 포함해야 하는 사항으로는 프로젝트 목표, 제품 및 서비스의 기능과 특성, 프로젝트 및 사용자 요구 사항, 산출물 목록, 제품 검수 및 인수 기준, 가정 및 제약 조건, 일정 및 예산 등이 있다.

프로젝트와 프로덕트는 다음과 같은 차이점이 있다.
- 프로젝트는 특정 기능을 만족하는 제품이나 서비스를 제공하기 위해 수행해야 하는 일로, 완료 기준은 프로젝트 목표 달성 여부다.
- 프로덕트는 제품 및 서비스의 특징과 기능으로, 완료 기준은 제품의 사양 또는 서비스에 대한 충족 여부다.

4) WBS 작성(계획 단계)

WBS는 프로젝트 인도물과 작업을 관리 가능한 요소로 세분화한 것으로, 결과물 중심의 계층 구조도를 가리킨다.

- 해야 할 일: 범위 기술서, 요구 사항 정의서를 기반으로 WBS 작성. WBS는 프로젝트를 계획하고 통제, 관리하기 위한 가장 기본적인 수단이며 기준이 되기 때문에, 프로젝트에서 수행해야 하는 모든 일을 포함한다.

- **■** WBS 작성 목적 및 활용
  - **·** 사업의 전체와 부분을 구조적으로 이해할 수 있음다.
  - **·** 사업 수행 시 업무의 누락을 방지하고, 수행하지 않아야 하는 업무를 예방한다.
  - **·** 일에 대한 책임과 역할을 정의할 수 있다.
  - **·** 프로젝트팀과 이해관계자(고객, 파트너, 협력사 등)가 효과적으로 의사소통하고 협력 체계를 수립하게 한다.
  - **·** 인력 투입, 비용, 일정의 산정과 검증을 가능하게 한다.

5) 범위 검증(감시 및 통제 단계)

범위 검증은 프로젝트 인도물에 대한 인수를 공식화하는 프로세스로, 고객이나 투자자가 인도물을 공식적으로 인수하는 절차를 수반한다.

- **■** 해야 할 일
  - **·** 프로젝트 전체 산출물 작성: 프로젝트 계획서, 요구 사항 정의서, 범위 기술서에 포함된 산출물 작성 및 제출
  - **·** 고객 또는 스폰서의 공식 서명/인수: 테스트, 검수 활동 등을 통해 프로젝트 개발 범위 검사

- **■** 범위 검증과 품질 검증의 차이: 일반적으로 범위 검증에 앞서 품질 검증을 수행한다. 범위 검증은 인도물(최종 산출물)의 인수에 초점을 맞추고, 품질 검증은 인도물의 정확도와 품질 요구 사항을 충족했는지에 초점을 맞춘다.

6) 범위 통제(감시 및 통제 단계)

프로젝트 및 제품의 범위 기준선을 관리/감시하는 프로세스다. 프로젝트에서

변경은 피할 수 없는 사건이기 때문에 반드시 통제 프로세스에 따르며, 범위 크립*이 발생하지 않도록 해야 한다.

- ■ **해야 할 일:** 프로젝트 및 제품의 범위 기준선 관리. 범위의 변경을 관리하고 프로젝트 계획 대비 실적의 차이를 개선하며, 통제되지 않은 범위의 변경은 반드시 피한다.

(3) 주요 사례 및 이슈

2017년 OOO병원은 3년간 400억 원을 투입해 차세대 병원 정보 시스템을 구축하려 했으나, 수행사와 기능 개발 범위의 입장 차이로 인하여 사업을 중단했다. 이처럼 프로젝트 목표 및 범위 관리 실패는 사업의 중단으로 이어질 가능성이 높다.

- · 인공지능 개발 시 범위 관리 이슈
  - 데이터셋 구축, 알고리즘 개발 등 선행 작업의 불분명한 범위 정의
  - 피처의 변경으로 인한 서비스 모델의 변경
  - 인공지능 모델을 통한 출력 서비스의 불분명한 정의(분석 결과만 제시 또는 예측)
  - 개인 정보 침해 등을 포함한 보안을 고려하지 않은 설계로 인해 재설계 수행

---

*범위 크립(Scope Creep): 통제되지 않은 범위 변경

■ 자주 발생하는 이슈 및 해결 방안

고객의 요구 사항 변경

고객의 추가 요구 사항 발생

고객의 불분명한 요구 사항

고객의 불필요한 요구 사항

제안한 요구 사항과 개발할 요구 사항의
차이 발생

인수 기준이 모호함

변경된 프로젝트 범위가 반영되지 않음

고객과의 긴밀한 관계 설정

고객의 요구 사항을 프로젝트 초기에 정확하게
정의하도록 노력

프로젝트 초기에 인수 기준을 명확하게 정의 및 합의

불필요한 요구 사항이 포함되지 않도록 설득력 있게
이해시킴

요구 사항 변경은 반드시 영향도 분석을 거치도록
의무화

요구 사항 추적 및 변경된 요구 사항 반영 확인

프로젝트 범위 관리 프로세스는 다음의 2가지 사항을 고려해야 한다.

1. 완료(인수) 기준의 충족: 하기로 한 모든 일을 다 하였는가?

2. 골드플레이팅 방지: 하지 않아도 될 일을 하고 있는가?

- 계약 사항에 벗어나는 일을 스스로하고 있는가?

- 계약 사항이 아닌 일을 고객의 요청에 따라 하고 있는가?

6. 일정 관리

프로젝트의 일정 계획을 수립하고, 그 일정대로 통제하여 정해진 기일 내에 제품 및 서비스를 납품하는 것이다. 전 세계적으로 납기를 맞춘 프로젝트는 30%가 조금 넘는다고 한다. 왜 이렇게 납기가 지연되는 걸까?

도미노 게임에서 앞에 있는 도미노가 쓰러지지 않으면 뒤에 있는 도미노는 절대 쓰러지지 않는 것처럼, 프로젝트에서도 선행 업무가 완료되지 않으면 후행 업무를 수행할 수 없는 경우가 대부분이다. 또한 앞에 큰 도미노가 있다면 뒤에 작은 도미노를 쓰러뜨릴 수 있지만 앞에 있는 작은 도미노는 뒤에 있는 큰 도미노를 쓰러뜨릴 수 없는 것과 같이, 프로젝트에서도 핵심이 되는 모듈이 아닌 작은 단위의 기능을 먼저 개발하면 나중에 핵심적인 서비스를 제대로 제공하지 못할 수 있다. 이렇듯 프로젝트 일정 계획을 수립할 때는 핵심적인 기능을 우선으로 하여 선·후행 업무를 명확하게 정의해야 한다.

■ 인공지능 개발 시 고려 사항

인공지능 개발 프로젝트는 데이터셋 구축, 알고리즘 개발, 소프트웨어 개발 등으로 이어지는 선·후행 업무가 명확하기 때문에 하나의 개발 활동에 문제가 발생하면 이어지는 활동의 일정에도 지대한 영향을 미친다.

(1) 일정 관리 핵심 포인트 ─────────────────

프로젝트 일정 관리는 WBS를 기반으로 각각의 활동별 세부 일정 및 전체 계획을 수립하고, 그 일정에 따라 진척도를 효율적으로 관리하여 고객이 요구한 기일 내에 작업을 완료하는 것이다. 프로젝트 일정을 세밀하게 수립하는 것은 프로젝트 진행의 중심축이 된다. 프로젝트 일정은 프로젝트의 범위 및 원가와

밀접하게 연관되므로 기준선을 명확하게 잡고 유지한다. 앞서 언급한 바와 같이, 프로젝트 범위는 구조적으로 변경될 수밖에 없기 때문에 프로젝트 일정은 이에 대비하여 어느 정도 여유 시간을 확보해두어야 하고, 고객이 우선적으로 고려하는 핵심 기능부터 개발하도록 한다.

아무리 프로젝트를 최적의 범위로 한정하더라도 정해진 기간에 작업을 완료하지 못하면 실패한 것이다. 작업의 경중을 떠나서 단계적으로 프로젝트를 진행하는 경우가 많은데, 이는 일정 개발을 어떻게 하는지 모르기 때문이다. 단계적으로 프로젝트를 진행하면 핵심적으로 개발해야 하는 기능을 신속하게 진행할 수 없기 때문에 프로젝트의 효율성을 떨어뜨린다. 그러므로 반복적 개발 방법론을 적용하는 것이 유리하다. 반복적 개발 방법론은 핵심적인 인도물을 우선적으로 구현하여 신속하게 피드백을 제공할 수 있다.

물론 이는 단계적 개발 방법론에 비해 일정 수립이 복잡하므로, 경험이 부족한 관리자 또는 개발자가 작업의 선·후행 관계를 헷갈리면 오히려 문제가 생길 수 있다. 따라서 비즈니스를 잘 이해하고 프로젝트의 특성을 잘 아는 관리자가 개발팀원들과 함께 일정 계획을 수립해야 한다.

어떤 것이 사용자가 가장 원하는 핵심적 기능인지 분류하고, 이를 토대로 단위 프로그램으로 세분화한 다음, 핵심 기능을 우선적으로 구현하고 진행 상황에 대해 사용자에게서 신속하게 피드백을 받는다. 이렇게 반복적인 개발 일정을 토대로 사용자와의 상호 작용을 통해 프로젝트를 진행하면 프로젝트 변경에 대한 부담도 줄일 수 있어서 프로젝트의 성공 확률이 자연스럽게 높아진다. 반복적 일정 계획을 세우는 방법은 다음과 같다.

첫째, 반복 개발 프로세스를 적용한다. 핵심적인 기능을 우선적으로 정하고 이를 토대로 세부적으로 과정을 분할한 후 유연하게 일정을 수립한다. 둘째, 지속적인 의사소통 환경을 구축한다. 고객과 주기적으로 상호작용하여 프로젝트 진행 및 기능 구현을 신속하게 피드백받고, 프로젝트팀은 회고*를 통해 대처해야 한다. 셋째, 철저하게 시간을 관리한다. 정해진 계획대로 실적이 반영되었는지 지속적으로 모니터링하고, 발생한 이슈 또는 잠재적 위험을 완화한다. 프로젝트는 정해진 기간 내에 사용자가 원하는 요구 사항을 개발하는 것이기 때문에, 필요한 핵심 기능을 파악하여 집중적으로 개발하면 성공 확률을 높일 수 있다.

(2) 일정 관리 절차

프로젝트 일정 관리는 일정 계획을 수립하고 그 일정대로 통제하여 정해진 납기에 맞춰 성공적으로 제품 및 서비스를 납품하기 위한 프로세스로, 다음과 같은 활동을 포함한다.

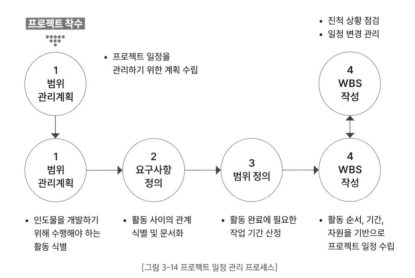

[그림 3-14 프로젝트 일정 관리 프로세스]

*회고: 정해진 기간 동안 수행한 작업에 대해 되돌아보며, 잘못된 점을 개선하는 것

1) 일정 관리 계획 수립(계획 단계)

프로젝트 일정을 개발하고, 프로젝트 관리를 위한 계획을 수립한다.

2) 프로젝트 활동 정의(계획 단계)

프로젝트 결과물을 만들기 위해 수행하는 구체적인 활동을 식별하는 프로세스로, WBS에서 가장 작은 단위의 업무로 나누고 이를 활동이라는 더 작은 요소로 분할하는 것이다. 프로젝트 활동은 단위 업무를 완료하는 데 필요한 작업이다. 활동은 프로젝트 작업을 산정하여 일정을 계획하고, 프로젝트 실행과 감시/통제를 위한 기초가 된다.

- 해야 할 일: 프로젝트 수행에 필요한 모든 활동을 열거한 목록 작성. 범위 기술서 및 WBS를 토대로 활동을 목록화한다.

- 프로세스 기법
  - 분할: 단위 업무를 활동이라는 작은 요소로 세분화
  - 롤링 웨이브 플래닝Rolling Wave Planning: 가까운 시기에 완료할 작업은 상세히 기획하고, 장기적인 작업은 WBS의 상위 수준에서 계획하는 방식
  - 경험이 많은 프로젝트 관리자를 활용하여 활동 목록 정의

3) 활동 순서 배열(계획 단계)

프로젝트 활동 사이의 관계를 정의하는 프로세스로, 논리 관계를 사용해서 활동을 순서대로 배열한다. 최초 및 최종 항목을 제외한 모든 활동은 적어도 한 가지의 선행 항목과 후행 항목으로 연결되어야 한다.

■ 해야 할 일: 일정 네트워크도 작성. 프로젝트 활동 일정 간 논리 관계(의존 관계)를 보여주는 도표로, 일정 네트워크도의 종류는 다음과 같다.

• 우선순위 다이어그램 방식Precedence Diagram Method, PDM

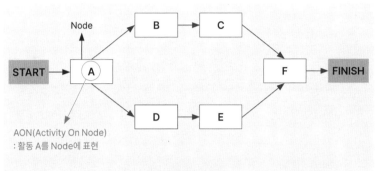

[그림 3-15 PDM 예시]

- 활동(A, B...F 등)을 노드(Node)에 표현한 방식으로 AON(Activity On Node)이라고도 함
- 4가지(FS, FF, SS, SF) 선·후행 도형법으로 연관관계를 표현할 수 있음

• 화살표 다이어그램 방식Arrow Diagram Method, ADM

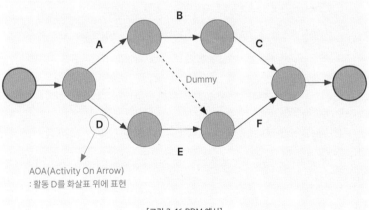

[그림 3-16 PDM 예시]

- 활동(A, B...F 등)을 화살표 위에 표현한 방식으로 AOA(Activity On Arrow)라고도 함
- Dummy 활동(작업 간에 연관관계만을 나타내는 명목상의 작업)이 발생할 수 있음
- 선후행 도형법의 종료-개시 관계(Finish to Start)만 표현이 가능함

■ 프로세스 기법

• 선후행 도형법: 프로젝트 수행에 필요한 활동 간 연관관계 및 순서를 정의하는 기법

- 종료-개시 관계Finish to Start, FS: 선행 활동(A)을 종료한 후 후행 활동(B)을 진행

- 종료-종료 관계Finish to Finish, FF: 선행 활동(A)이 종료될 때 후행 활동(B)도 완료

- 개시-개시 관계Start to Start, SS: 선행 활동(A)이 개시될 때 후행 활동(B)도 개시

- 개시-종료 관계Start to Finish, SF: 선행 활동(A)이 개시되기 위해서는 후행 활동(B)이 종료

• 의존관계 결정

- 의무적 의존관계: 본질적으로 작업을 임의로 정하기 어렵고, 미리 정해진 선후 관계가 반드시 존재하는 관계

- 임의적 의존관계: 프로젝트팀에서 임의로 정할 수 있는 관계

- 내부적 의존관계: 프로젝트 진행 시 내부적으로 관리 가능한 활동 간의 관계

- 외부적 의존관계: 프로젝트 진행 시 내부에서 통제할 수 없는 활동과 프로젝트 활동 간의 관계

• 선도 및 지연

- 선도Lead: 선행 활동 종료 이전에 후행 활동에 착수할 수 있도록 하는 것

- 지연Lag: 선행 활동 종료 후 일정 기간이 지나 후행 활동에 착수할 수 있도록 하는 것

4) 활동 기간 산정(계획 단계)

산정된 자원으로 개별 활동을 완료하는 데 필요한 총 작업 기간을 산정하는

것으로, 작업 활동의 범위, 필요한 자원의 유형, 산정된 자원의 수량, 투입된 자원의 현황표 등을 활용한다. 활동 기간 산정은 점진적으로 구체화되기 때문에 투입하는 자원의 질과 가용성을 반드시 고려해야 한다.

- ■ 해야 할 일: 활동 기간 산정. 활동 목록과 자원 투입 목록을 기반으로 활동별로 기간을 산정한다.

- ■ 프로세스 기법
- 유사 산정: 과거의 유사한 프로젝트 데이터를 활용하여 프로젝트 기간을 산정하는 기법
- 모수 산정: 과거의 유사한 프로젝트 자료와 기타 변수 사이의 통계적인 관계를 활용하여 기간을 산정하는 기법
- 삼점 산정Program Evaluation and Review Technique, PERT: 과거의 유사한 사례가 없는 프로젝트의 경우에 활동 기간을 산정하는 기법

  $tE=(tO+4tM+tP)/6$

  – tE(기대치): 삼점 산정 결과로 얻을 수 있는 활동 기간

  – tO(낙관치): 최상의 시나리오를 기반으로 활동 기간을 산정

  – tM(최빈치): 투입 자원, 자원의 생산성 등을 고려하여 활동 기간을 산정

  – tP(비관치): 최악의 시나리오를 기반으로 활동 기간을 산정

  예) OOO포털의 OOO모듈을 개발하는데, 낙관치가 10일, 최빈치가 22일, 비관치가 22일이라고 가정하면 기대치는 (10+4*22+22)/6이 되므로 20일이 된다.

5) 일정 개발(계획 단계)

일정 개발은 활동 순서와 산정한 활동 자원 및 활동 기간을 토대로 일정에 대

한 제약 사항을 분석하여 프로젝트의 일정을 수립하는 것이다.

■ 해야 할 일: 프로젝트 일정 개발. 활동 및 자원 투입 목록, 활동 기간을 기반으로 활동 일정과 프로젝트 전체 일정을 개발

■ 프로세스 기법

• 일정 네트워크 분석: 주공정법, 주공정 연쇄법, 가정 시나리오 분석 등의 기법을 활용하여 프로젝트 활동의 미완료 부분에 대해 빠른 시작일과 늦은 시작일을 계산해서 프로젝트 일정을 생성하는 기법

• 주공정법Critical Path Method, CPM: 프로젝트의 주요 경로를 기반으로 최소의 기간을 결정하는 데 사용하는 일정 네트워크 기법으로, 전진 계산법Forward Pass과 후진 계산법Backward Pass으로 나뉨

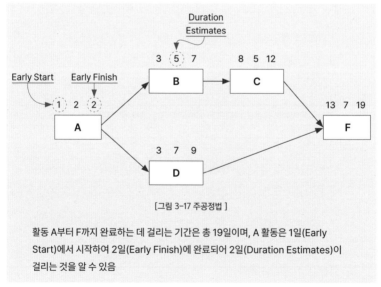

[그림 3-17 주공정법]

활동 A부터 F까지 완료하는 데 걸리는 기간은 총 19일이며, A 활동은 1일(Early Start)에서 시작하여 2일(Early Finish)에 완료되어 2일(Duration Estimates)이 걸리는 것을 알 수 있음

- 전진 계산법: 전체 개발 기간을 빠른 개시일과 빠른 종료일로 주공정을 결정

하는 방식

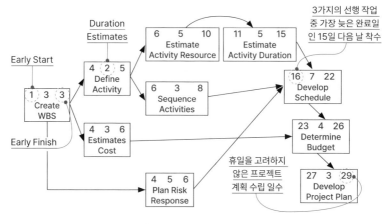

[그림 3-18 전진 계산법 사례]

- 후진 계산법: 전체 개발 기간을 늦은 시작점과 늦은 종료일에서 거슬러 올라

가면서 여유 시간이 0인 활동을 연결하여 주공정을 결정하는 방식

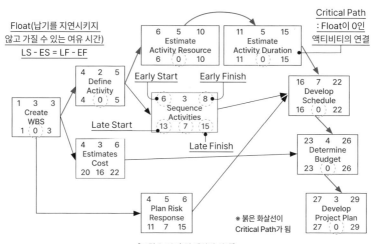

[그림 3-19 후진 계산법 사례]

용어 설명

관련 용어	설명
빠른 개시일 (Early Start, ES)	특정 활동에서 가장 빨리 시작하는 날
빠른 종료일 (Early Finish, EF)	특정 활동에서 가장 빨리 종료하는 날
늦은 개시일 (Late Start, LS)	특정 활동에서 가장 늦게 시작하는 날
늦은 종료일 (Late Finish, LF)	특정 활동에서 가장 늦게 종료하는 날
여유 (Float 또는 Slack)	특정 활동이 프로젝트의 종료를 지연하지 않고 가질 수 있는 여유 시간(LS-ES=LF-EF) Total Float: 전체 개발 기간을 지연시키지 않고 가질 수 있는 여유 기간 Free Float: 후속 공정을 지연시키지 않고 가질 수 있는 여유 기간 Float이 음수이면 일정 계획이 목표일을 초과하여 수립된 것임 - 일정 단축 기법(Crashing 또는 Fast Tracking)을 실시해야 함
주공정 (CP, Critical Path)	여유 시간이 0인 활동들을 연결한 것 CP는 위험 관리 측면에서 집중적으로 관리되어야 함 - CP상 활동이 지연되면 전체 개발 기간이 지연됨

- **주공정 연쇄법**Critical Chain Method, CCM: **주공정법은 논리적인 연관관계를 바탕으로 일정을 개발하는 것이지만, 주공정 연쇄법은 자원의 제약 사항을 고려하여 버퍼**Buffer**를 관리함으로써 프로젝트의 일정을 관리하는 방식임**

Critical Path상의 일정 네트워크

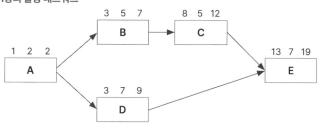

자원의 가용성을 고려한 Critical Chain 분석

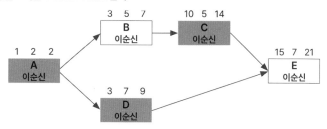

[그림 3-20 주공정법과 주공정 연쇄법 비교]

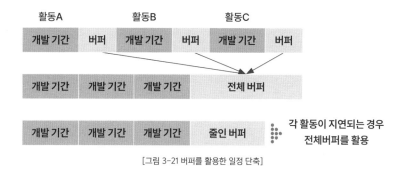

[그림 3-21 버퍼를 활용한 일정 단축]

-   기존의 방식보다 더 많이 일정을 단축할 수 있음
-   특정 작업을 집중적으로 관리하여 프로젝트 전체 일정을 단축하면 일정을
    최적화할 수 있다.

6) 일정 통제(감시 및 통제 단계)

일정 통제는 프로젝트의 상태를 감시하여 프로젝트의 진행 현황을 파악하고 일정 기준선에 대한 변경을 관리하는 것이다.

- ■ 해야 할 일
  - 프로젝트 일정의 현황 판별: 정상, 지연 등
  - 일정 변경의 원인이 되는 요인 조정 및 실제 발생하는 일정 변경의 관리
  - 프로젝트 일정의 변경 여부 결정

- ■ 프로세스 기법
  - 자원 평준화: 특정 기간에 과도하게 업무가 몰린 자원을 일정한 수준으로 유지시키기 위한 것으로, 과부하 및 일정 지연을 방지함
  - 공정 압축법Crashing: 자원을 추가 투입해서 프로젝트의 기간을 단축하는 기법
    - 최소의 자원을 투입하여 기간을 최대한 단축하는 것이 중요
    - 주공정상의 활동에 자원(비용)을 투입
    - 주공정에서 비용 대비 효과가 높은 활동에 우선적으로 투입
    - 공정을 압축한 후에는 주공정의 변경 여부를 확인해야 함

  - 공정 중첩 단축법Fast Tracking: 활동 간의 순서를 조정하여 기간을 단축하는 기법. 재작업으로 인하여 기간이 늘어날 수 있는 위험이 있다.

(3) 주요 사례 및 이슈 ────────────────

2004년 서울시 신교통카드 시스템이 무리한 개통 일정에 맞추느라 오류가 발생하여 일부 수도권 지하철과 버스 등에서 통신 과부하와 데이터 전송 오

류 등이 일어나 승객들이 큰 불편을 겪었다. 이처럼 무리한 일정 계획 수립은 프로젝트 납기 실패로 이어질 수 있다.

- 인공지능 개발 시 일정 관리 이슈
  - 인공지능 솔루션 개발의 경우 데이터셋 구축, 알고리즘 개발이 선행되어야 하는데, 이러한 선행 작업 일정의 지연은 전체 일정 지연을 초래함
  - 데이터 구축 시 제대로 된 교육 없이 데이터를 구축하여 재작업(데이터 재수집, 추가 레이블링 및 재수행, 전문가 검수 지연 및 재검수 등) 발생
  - 미흡한 성능 검증으로 인하여 알고리즘 재구축
  - 피처의 변경 등 범위 변경으로 인한 일정 지연 발생
  - 인허가 과정에서 임상시험 등 물리적으로 무리한 일정 계획의 수립으로 인한 문제 발생

■ 자주 발생하는 이슈 및 해결 방안

일정 관리 프로세스는 다음의 사항을 고려해야 일정을 개발하고 통제해야 한다.

1. 활동 자원을 추정할 경우 가능한 한 모든 대안을 고려해야 한다.

2. WBS가 아닌 활동(Activity)에 근거하여 프로젝트 일정을 계획하고 통제해야 한다.

3. 프로젝트 일정은 프로젝트 관리자가 아닌 팀원에 의해 수립되어야 한다.

4. 자원을 늘리는 것이 항상 일정을 줄어들게 하는 것은 아니다.

5. 현실적인 일정을 개발해야 하며, 야간, 휴일, 휴식 시간을 고려해야 한다.

6. 핵심 일정을 집중적으로 관리해야 한다.

7. 프로젝트 관리자는 아래 사항에 대해 염두에 두어야 한다.

- 파킨스의 법칙: 모든 작업은 납기를 준수함(빨리 끝낼 수 있는 작업도 천천히 수행해서 납기를 준수함)

- 자기방어: 일찍 작업을 완료하면 관리자는 더 많은 것을 요구하고 다음에는 더 짧은 납기를 요구함

- 후행 작업자의 준비 부족: 일찍 작업을 완료해도 후속 작업의 자원이 준비되지 않아 일정 준수를 못 함

- 자원 병목: 희소자원의 가용성 문제로 일정이 지연됨

- 학생 증후군: 닥치기 전에는 일을 하지 않음

7. 원가 관리

프로젝트 규모와 범위를 기반으로 예산을 추정하여 확보하고, 승인된 예산 내에서 프로젝트를 완료할 수 있도록 통제하기 위한 프로세스다. 기업 활동의 목적은 이익 추구이므로, 프로젝트 목표를 정해진 일정에 성공적으로 마쳤다고 해도 이익이 나지 않으면 실패라고 할 수 있다. 프로젝트 원가 관리는 회계적인 관점에서 비용을 통제하고 이익을 확보하는 것이다.

■ 인공지능 개발 시 고려 사항

인공지능 프로젝트는 이미지나 영상을 기반으로 데이터셋을 구축하는 경우가 있어서 GPUGraphic Processing Unit를 활용해야 한다. 이때 인프라 비용이 기존에 수립한 예산을 초과할 수 있으므로, 초기에 예산을 잘못 산정하면 큰 낭패를 볼 수 있다.

(1) 원가 관리 핵심 포인트

프로젝트를 수행하는 핵심 이유는 고객에게 가치를 제공하고 기업의 이윤 확대하기 위해서다. 2가지 핵심 사항 중 정해진 예산 내에서 프로젝트를 수행하고 통제하여 이익을 확보하는 원가 관리 프로세스에 대해 살펴보고자 한다.

프로젝트 원가는 전체 프로젝트 규모와 범위에 따라 결정된다. 원가는 프로젝트의 범위를 정확하게 산정하여 활동을 정의하고, 이를 토대로 금전적 자원의 근사치를 추정하는 것이 중요하다. 금전적 자원의 근사치를 바탕으로 원가 기준선을 수립하고 이를 잘 통제함으로써 프로젝트의 이익을 확보할 수 있다. 그러나 프로젝트 범위가 변경되면 원가 기준선이 달라질 수 있기 때문에 조심해야 한다.

프로젝트 예산은 세부 기능부터 시작해서 전체 시스템까지 상향식으로 비용을 산정하여 수립하는 것이 정확하다. 그러나 사업 수행 전에 전체 구성도를 그리는 것은 상당히 어려운 작업이므로, 하향식으로 접근해서 예산을 정하고 이에 맞춰 계획을 수립하는 경우가 대부분이다. 개발팀은 손익에 대한 이해도가 높지 않아서 관심이 없는 경우가 많다. 그러므로 정해진 예산을 유지할 수 있는 표준 프로세스를 도입해서 프로젝트 관리자가 기준선을 잡고 관리해야 한다.

어떻게 하면 체계적인 손익 균형을 유지할 수 있는 표준 프로세스를 수립하고 적용할 수 있을까?

우선 프로젝트 관리 경험이 많은 프로젝트 관리자가 투입되어야 한다. 프로젝트 관리자는 이전 경험을 토대로 비즈니스와 연계하여 프로젝트 특성에 맞는 규칙을 수립하고, 손익 균형을 맞추기 위해 변경 사항을 관리해야 하며, 주기적인 관리를 통해 프로젝트 현황을 파악한다. 또한 회사 내 프로젝트 관리 조직은 다양한 측면에서 프로젝트 진행 현황을 점검할 수 있는 시스템을 유지하고, 마일스톤별로 가치를 분석하면 정해진 예산으로 프로젝트 목표를 달성할 수 있을 것이다.

프로젝트의 이익 확보하기 위해서 준수해야 할 사항은 다음과 같다. 첫째, 프로젝트의 규칙을 명확하게 한다. 프로젝트 목표를 조직의 비즈니스 목표와 연계하여 프로젝트팀이 기업의 표준에 따라 업무를 수행해야 한다. 표준에 따라 업무를 수행하면 변경을 최소화할 수 있으며, 프로젝트를 진행하면서 발생할 수 있는 이슈 또는 문제를 사전에 정리할 수 있다. 이러한 표준에 기반한 업무 수행은 고객의 요구 사항을 신속하게 공식화하고 불확실한 변경에 빠르게 대응할 수 있어서 위험 예측도를 높일 수 있다. 위험 예측을 통한 프로젝트 관리는 비용을 더욱 효율적으로 관리하게 한다. 둘째, 변경을 관리해야 한다.

영향 분석 없이 프로젝트를 변경하는 것은 프로젝트의 가장 큰 실패 원인이다. 프로젝트 관리자는 손익분기점을 인지하고 고객과의 의사소통을 통해 변경을 철저하게 관리한다. 셋째, 주기적으로 프로젝트 현황을 점검해야 한다. 획득가치 분석을 통해 프로젝트의 비용 실적을 주기적으로 모니터링하고 단계별로 점검하여 프로젝트의 이익을 확보한다.

(2) 원가 관리 절차

프로젝트 원가 관리는 예산을 산정하고, 정해진 예산 내에서 프로젝트를 완료할 수 있도록 통제하며, 범위 및 일정 관리 프로세스와 함께 핵심이 되는 프로세스로, 다음과 같은 활동을 포함한다.

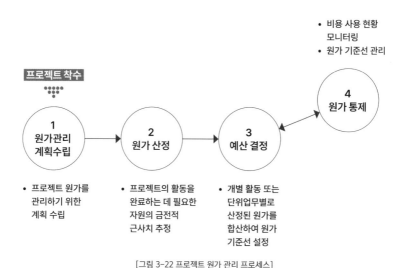

[그림 3-22 프로젝트 원가 관리 프로세스]

1) 원가 관리 계획 수립(계획 단계)

프로젝트 비용을 추정하고, 예산을 관리 및 통제하기 위한 계획을 수립한다.

■ 해야 할 일: 사업계획서 내 프로젝트 범위를 바탕으로 원가 관리 계획을 수립

2) 원가 산정(계획 단계)

프로젝트를 완료하는 데 필요한 자원의 금전적 근사치를 추정하는 프로세스로 최적의 원가를 산정하기 위해 개발/구매/자원 등에 대한 원가를 분석하고 프로젝트에서 발생할 수 있는 위험도 고려해서 산정해야 한다.

■ 해야 할 일: WBS, 범위 기술서, 투입 인력 현황 등을 고려하여 원가 산정 내역 산출

■ 프로세스 기법
- 유사 산정(하향식 접근 방식): 개인의 경험이나 과거에 수행한 유사 프로젝트의 실적을 참고하여 전체 원가를 확정한 후 세부 원가를 각 활동에 할당하는 방식
- 상향식 산정(상향식 접근 방식): 프로젝트 수행을 위한 활동의 개별 원가를 집계하여 전체 원가를 도출하는 방식
  – 상향식의 경우 하향식 원가 추정 방식보다 추정에 소요되는 시간과 비용은 많이 들지만, 추정의 신뢰도는 높다.
- 모수 산정Parametric Estimating: 원가 추정을 위해 모델을 사용하는 것으로, 이러한 모델을 적용하기 위해서는 과거의 데이터를 사용해야 하며, 예측력을 높이기 위해서는 다음의 3가지 조건이 충족되어야 한다.
  – 모델 수립에 사용되는 데이터의 품질이 높아야 함
  – 모델 수립에 사용되는 변수는 측정이 가능한 것이어야 함
  – 비슷한 규모의 프로젝트에 모델을 적용하되, 예측력이 달라져서는 안 됨

■ 원가의 종류

- 고정비와 변동비

  – 고정비Fixed Cost: 일이나 투여 단위에 따라 변동하지 않는 비용(건물 관리비, 설치비 등)

  – 변동비Variable Cost: 일이나 투여 단위에 따라 변동하는 비용(재료비, 인건비 등)

- 직접비와 간접비

  – 직접비Direct Cost: 프로젝트의 가치 창출에 직접적으로 기여하는 비용(출장비, 인건비, 외주비, 재료비, 교육비 등)

  – 간접비Indirect Cost: 프로젝트의 가치 창출에 직접적으로 연관이 없는 비용(광고비, 세금, 판매비, 건물 관리비, 보험료 등)

- 감가상각비: 자산으로 책정된 사용 연수에 따라 그 가치가 줄어드는 것

  – 정액법Straight line depreciation: 매년 동일한 금액으로 감가상각

  – 정률법Accelerated depreciation: 매년 정해진 비율로 감가상각

- 수명 주기 비용Life-Cycle Cost

  – 시스템 개발, 생산/배치, 운영/유지 및 폐기까지의 비용을 합산한 것

  – 프로젝트의 의사결정을 위한 경제성 분석 시 수명 주기 비용이 고려되어야 함

- 매몰 비용Sunk Cost: 이미 발생한 원가(예: 이미 운영되는 장비의 비용)

- 기회 비용Opportunity Cost: 하나를 선택함으로써 하나를 포기한 비용

3) 예산 결정(계획 단계)

개별 활동 또는 단위 업무별로 산정된 원가를 합산하여 원가 기준선을 설정하는 프로세스다.

■ 해야 할 일

• 원가 성과 기준선 수립

    – 성과 측정 기준선Performance Measurement Baseline, PMB 또는 S-곡선이라고 함

    – 통합된 범위, 일정, 원가 기준선으로 프로젝트 실행을 관리하고 통제하는 기준으로
      사용

    – 원가 기준선에는 관리 예비비를 제외하고 승인된 예산을 기준으로 하여 성과를 측
      정

    – PMB는 해야 할 일Work, 일의 수행 시기Schedule, 그에 대한 예산 관계를 표현한 프
      로젝트 수행 계획Plan을 가리킴

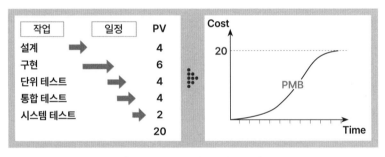

[그림 3-23 프로젝트 원가 관리 프로세스]

4) 원가 통제(감시 및 통제 단계)

프로젝트 비용 사용 현황을 감시하고, 원가 기준선에 대한 변경을 관리하는
프로세스다. 지출된 자금에 대한 작업 성과를 모니터링하고 필요하다면 예
산을 갱신하는 과정으로, 예산의 증액은 통합 변경 통제 프로세스를 통해서
만 승인한다. 특히 승인된 원가 기준선을 바꾸는 원인을 분석하여 관리해야
한다.

■ 해야 할 일: 작업 성과 측정. 원가 성과 기준선과 작업 성과 정보의 차이를 분석하여 성과 측정 및 예산 예측

■ 프로세스 기법

① **획득가치 관리**Earned Value Management, EVM

 – 이미 완료된 일 또는 진행 중인 일의 성과를 비용(또는 그와 동등한 가치를 갖는 요소)으로 환산했을 경우 획득하는 가치로 관리하는 방식

 – 일의 성과를 객관적인 기준에 따라 비용과 일정 측면에서 상호 연계하여 통합적으로 판단하고, 사업의 지연 기간 및 초과 비용을 예측하여 선행 관리하는 기법

 – 진행 중인 일의 획득가치는 측정 당시의 진척률 또는 그에 상응하는 가치임

 – EV는 품질, 비용, 일정 관리에 있어서 성과 측정의 기준이 되며, 고객의 요구에 의한 경우 계약 후 일정 기한 내에 고객과의 회의를 거쳐 확정됨

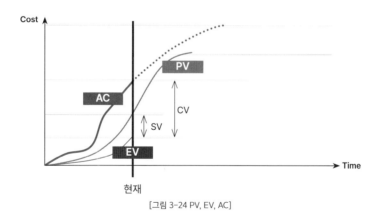

[그림 3-24 PV, EV, AC]

획득가치 관리 용어 설명

■ PVPlaned Value: 계획된 업무의 양을 비용으로 변환(계획 비용)

- EV_{Earned Value}: 실제 완료된 업무량(성과)을 계획된 비용으로 변환(획득가치)

- AC_{Actual Cost}: 실제 완료된 업무에 투입된 비용

획득가치 계산식

- SV_{Schedule Variance}=EV-PV. 음수는 일정 지연

- SPI_{Schedule Performance Index}=EV/PV. 1 미만은 일정 지연

- CV_{Cost Variance}=EV-AC. 음수는 예산 초과

- CPI_{Cost Performance Index}=EV/AC. 1 미만은 예산 초과

획득가치 관리법 사례

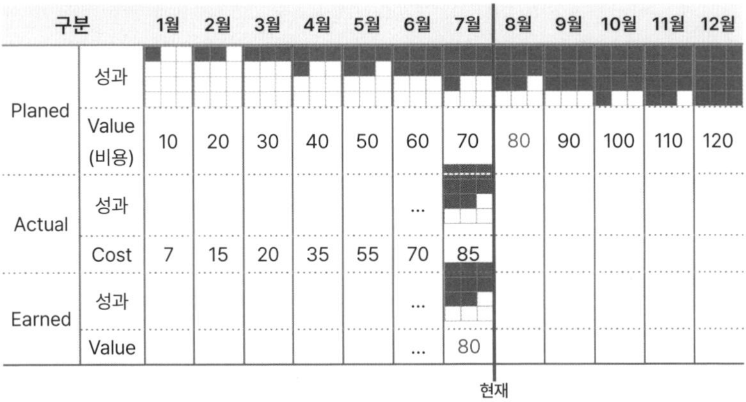

구분		1월	2월	3월	4월	5월	6월	7월	8월	9월	10월	11월	12월
Planed	성과												
	Value (비용)	10	20	30	40	50	60	70	80	90	100	110	120
Actual	성과						...						
	Cost	7	15	20	35	55	70	85					
Earned	성과						...						
	Value						...	80					

현재

[그림 3-25 획득가치 관리법 사례]

- PV: 70

- AC: 85

- EV: 80

- SV(EV-PV)=80-70=10>0

- SPI=EV/PV=80/70=1.1 ←일정 단축(SPI>1)

3장 프로젝트 라이프사이클에 맞춰 각 과정을 상상하라

110

- CV(EV-AC)=80-85=-5<0
- CPI=EV/AC=80/85=0.94 ⇐예산 초과(CPI<1)

획득가치 진척도 설정 방법

- 0%-100% 방식: 독립적 업무에 적용하며, 성과가 과소평가될 우려가 있음
- SF 방식(50%-50%, 80%-20% 등): 착수 후 활동 수행 절반까지는 과대평가되고, 그 이후에는 과소평가될 수 있음
- 프로젝트의 현재 상태를 포함하여 종료 시점에서의 원가를 파악하기 위한 기법으로, 일의 성과를 객관적인 기준에 따라 비용과 일정 측면에서 상호 연계하여 통합적으로 판단하고 사업의 지연 기간 및 초과 비용을 예측하여 선행 관리하는 것이다.

② **예측**

- 프로젝트의 현재 상태를 포함하여 종료 시점에서의 원가를 파악하기 위한 기법

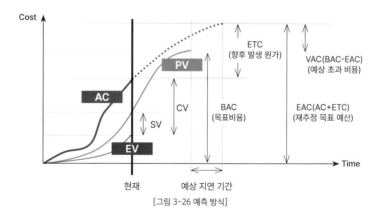

[그림 3-26 예측 방식]

- BAC_{Budgeted At Completed}: 계획된 총예산
- ETC_{Estimated To Completion}: 현시점에서 향후 추가로 발생할 추정 원가
- EAC_{Estimated At Completed}

    = AC+ETC: 당초 원가 산정을 향후에 신뢰하지 못할 경우

    = AC+(BAC-EV): 현재의 차이가 향후에도 불규칙하게 발생할 것으로 예상

    = AC+(BAC-EV)/CPI: 현재의 패턴대로 향후에도 유사할 것으로 예상
- EV=BAC×진척률

(3) 주요 사례 및 이슈

2023년 복지부 사회보장 정보 시스템 개발 사업에서 과업 변경에 따라 추가 비용에 대한 지급 갈등으로 중도에 사업을 철수하는 일이 일어났고, 전체 1~4차 개통 사업에서 2차 개통 후 컨소시엄의 수익성 부담으로 결국 사업이 중단되었다. 2020년에 계약을 맺을 당시와 달리 실제로 사업을 진행하면서 차이가 발생했고 그로 인한 적자를 감당하지 못한 경우로, 원가 산정이 잘못된 경우 큰 부담이 뒤따른다.

- 인공지능 개발 시 원가 관리 이슈
    - 인공지능 솔루션 개발의 경우 데이터 구축 시 수집/가공/검수 및 학습을 위한 인프라 비용이 발생하는데, 이전 데이터 없이 원가를 산정할 경우 오류가 발생할 수 있음
    - 이미지나 영상 등의 데이터를 학습하기 위해 GPU 등 인프라 활용비가 추가로 발생할 수 있음을 인지해야 함
    - 인허가 과정에서 산정해야 하는 비용의 누락이 발생할 수 있어서 예비비 확보가 필요함

■ 자주 발생하는 이슈 및 해결 방안

비용 초과 발생에 따른 손해 발생

성과 측정 오류로 인한 수익성 악화

고객의 예산 축소

● 원가 산정의 정확도를 높이기 위해 가급적 상향식 산정

● 원가 산정 시 AS 등 추가가 우려되는 비용 포함

● 비상사태를 대비하여 예비비를 고려한 예산 산정

● 범위/일정/자원 변경 시 비용 발생에 따른 원가 확인 및 반영

● 획득가치 분석을 통한 주기적인 프로젝트 성과 측정을 통한 이익 측정

1. 원가 산정의 정확도를 높이기 위해서는 상향식으로 산정해야 한다.

2. 원가는 AS 비용을 포함해야 손실 발생을 최소화할 수 있다.

3. 프로젝트팀에서 성과를 제대로 측정하지 않으면 원가 측정도 제대로 되지 않기 때문에 이익을 올바르게 측정할 수 없다.

자원 관리는 프로젝트 수행을 위해 필요한 자원을 구성하고 관리하는 프로세스다.

■ **인공지능 개발 시 고려 사항**

프로젝트를 수행하는 과정에서 가장 어렵고 힘들 때 이직률이 높아진다. 더욱이 인공지능 프로젝트는 프로젝트 관리자를 비롯하여 비즈니스 기획자, 데이터 구축(수집, 관리, 검수 등) 참여자, 서버 개발자, 프론트 개발자(PC, 모바일), 디자이너 등 투입해야 하는 전문 자원이 상당하다. 그러나 현실적으로 프로젝트에 적합한 자원을 투입하는 데는 어려움이 따른다.

(1) 자원 관리 핵심 포인트

프로젝트에 적합한 인력을 투입해서 팀을 제대로 구성하는 것은 두말할 나위 없이 중요한 일이다. 프로젝트 특성에 맞는 적합한 인력의 투입은 프로젝트 성공의 지름길이라고도 할 수 있다. 그러면 최소한의 비용으로 최대한의 효과를 얻을 수 있기 때문이다. 개발이 지연되면 해당 프로젝트뿐 아니라 투입한 인력 모두에게 해가 되는 것을 여러 번 경험한 바 있다. 인공지능 프로젝트를 수행하면서는 학습 데이터셋 구축을 위해 투입한 인력이 전문적이지 않아서 데이터 라벨링 및 검수에 추가적인 인력이나 비용을 투입하는 경우를 자주 마주한다.

그러므로 프로젝트에 적합한 숙련된 인력을 투입하는 것은 매우 중요하다. 만약 프로젝트에서 요구되는 기술을 지닌 숙련된 인력이라면 힘든 시기를 잘 극복하겠지만, 그렇지 않으면 어려움을 느낄 것이다. 프로젝트 경험이 부족하고 숙련되지 않은 인력을 투입하면 프로젝트에 큰 문제를 불러일으킬 수 있고 팀원의 이직으로 연결되기도 한다.

프로젝트의 적임인 팀원들을 확보하기 위해서는 프로젝트에서 필요로 하는 기술을 식별하고, 이를 확보하기 위해 조직의 내·외부의 인력을 충분히 검토하고 지속적인 교육과 동기 부여가 필요하다. 아울러 팀원이 일에 집중할 수 있는 작업 환경을 유지해야 한다.

팀원들이 일에 집중할 수 있는 환경을 유지하기 위해시는 첫째, 프로젝트에 적합한 인력을 확보해야 한다. 프로젝트 경험이 풍부한 인력을 투입하고, 팀원들이 갖고 있는 강점을 고려하여 적절하게 역할을 구분한다. 이직의 위험이 있거나 불안한 인력이 있으면 언제든 대체 인력이 투입될 수 있도록 사전에 확보해둔다. 둘째, 투입 인력을 유능한 팀원으로 만든다. 경험이 없고 숙련되지 않은 팀원은 유능한 팀원의 멘토링과 훈련을 통해 거듭날 수 있다. 학습 능력이 뛰어난 팀원이라면 훈련을 통해 능력을 향상시킬 수 있으며, 프로젝트가 진행될수록 핵심 멤버로 성장할 것이다. 셋째, 프로젝트팀을 하나로 통합하는 노력이 필요하다. 프로젝트는 다양한 사람들이 저마다 개성을 갖고 참여하는 집단 활동이다. 다루기 어렵거나 갈등을 유발하는 팀원이 있는데 상황이 악화되기 전에 조치하지 않으면 더 큰 문제가 발생할 수 있다. 따라서 프로젝트 관리자는 개인과 팀이 자신의 역할에 충실할 수 있도록 갈등 관리를 통해 팀을 하나로 통합한다.

(2) 자원 관리 절차

프로젝트 자원 관리는 프로젝트팀을 구성하고 관리하기 위한 프로세스로, 다음과 같은 활동을 포함한다.

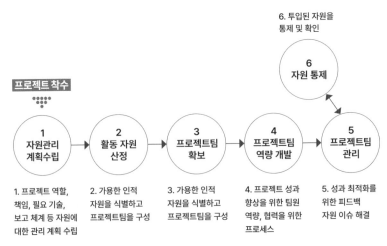

[그림 3-27 프로젝트 자원 관리 프로세스]

1) 자원 관리 계획 수립(계획 단계)

프로젝트 성공에 필요한 기량을 갖춘 인적 자원을 결정하고 식별하는 프로세스로, 역할 및 책임, 조직도, 자원 관리 계획 등을 수립한다. 이때 희소성이 있거나 제한적인 인적 자원은 가용성을 충분히 고려한다.

- ■ 해야 할 일: 자원 현황표, 필요한 교육, 보상, 규정 준수, 안전 등을 포함한 자원 관리 계획 수립

- ■ 프로세스 기법
- • 직무 기술서: 팀원의 역할 및 책임 사항을 문서화한다.
  - – 계층 구조형: 직위 관계를 상하 도식적으로 표현하는 방식
  - – 매트릭스형: 작업 패키지 또는 활동과 프로젝트 팀원 사이의 연결을 나타내는 방식
  - – 텍스트형: 자세한 설명을 필요로 하는 팀원의 책임 사항을 명시하는 방식

업 무(WBS)	PM	QA	SW	HW	구매
활동 1	R	D	I	D	I
활동 2	R	D	D	D	I
활동 3	R	I	D	D	D
활동 4		R	D	D	I
활동 5		I	I	R, D	R

[그림 3-28 RAM(Responsibility Assignment Matrix). R: Responsibility, D: Doing, I: Inform]

- 네트워킹: 조직, 산업, 전문직 환경에서 사람들과 주고받는 공식 또는 비공식 교류

2) 활동 자원 산정(계획 단계)

활동 자원 산정은 각 활동을 수행하기 위해 필요한 인력, 장비, 공급품의 종류
와 수량을 산정하는 프로세스로, 원가 산정 프로세스와 긴밀하게 연결된다.

- 해야 할 일: 활동 목록 및 기업 내 자원 현황표를 바탕으로 필요 자원 투입 목록
  작성

- 프로세스 기법: 상향식 산정. 합리적인 신뢰도 수준으로 활동 자원을 산정하기
  어려울 때, 활동에 포함된 작업을 더욱 구체적으로 분할한 다음 자원 요구 사
  항을 산정하는 방식

활동 자원 산정 시 중요하게 고려해야 할 사항은 조직 내에서 수행하기 어려
운 활동 등을 선별하는 것으로, 이러한 활동은 외부 공급업체를 찾아 대안 프
로세스에 따라 적합하게 선정해야 한다.

3) 프로젝트팀 확보(실행 단계)

조직 내 가용한 인적 자원을 확인하여 프로젝트 투입을 확정하고 팀을 구성하기 위한 프로세스다.

- 해야 할 일: 자원 관리 계획서와 자원 현황표를 바탕으로 투입 인력을 확정하여 프로젝트팀을 구성한다. 자원을 공급할 수 있는 위치의 사람이 효과적으로 협상하고 영향력을 행사하여 프로젝트에 적합한 전문 인력을 확보해야 한다. 자원 확보에 실패할 경우에는 일정, 예산, 품질 등에 파급되는 위험을 파악해야 한다. 적임자를 투입하기 어렵다면 법률, 규제, 의무 기준에서 벗어나지 않는 한 대체 자원을 투입해야 한다.

- 프로세스 기법: 직접 대면이 어려울 경우 가상팀을 활용한다. 전자메일, 화상회의, 그룹 통화와 같은 수단을 사용한다. 지리적으로 넓게 분포되어 있는 지역에 거주하는 직원들로 팀을 구성한 경우, 재택근무자가 포함되어 있는 경우, 교대 근무 또는 다른 시간대에 근무하는 사람들로 팀을 구성한 경우, 이동 제약 및 장애를 가진 사람이 팀에 포함되어 있는 경우에 활용한다.

4) 프로젝트팀 역량 개발(실행 단계)

프로젝트 성과 향상을 위해 팀원들의 역량과 팀원 간의 협력, 전반적인 팀의 분위기를 개선하기 위한 프로세스로, 프로젝트팀 역량 개발은 프로젝트 관리자의 팀워크 향상을 위한 환경 조성 및 지속적인 동기 부여가 중요하다. 팀원의 기량, 기술적 역량, 팀 환경 및 프로세스 성과 향상을 위해 노력해야 하며, 팀원 간 문화적인 차이를 이해하고 적절하게 의사소통을 유지함으로써 프로젝트 생애 주기 전반에 걸쳐서 프로젝트 팀원 간의 상호 신뢰감을 확보해야 한다.

■ 해야 할 일: 프로젝트팀의 역량 개발 및 성과 측정. 프로젝트 계획에 따라 업무를 수행하고 있는지 성과를 측정하고, 미흡한 부분에 대해 교육과 훈련을 통해 역량을 개발한다. 개개인 및 팀워크 역량에서 개선할 사항을 확인하고, 프로젝트 팀원의 이직률을 낮추며, 팀원 간 협업에 따른 프로젝트 성과를 측정한다.

■ 프로세스 기법
• 교육
  – 프로젝트 수행에 필요한 스킬 인벤토리를 사전에 구성
  – 팀원들에게 필요한 기술적, 관리적 역량을 교육
  – 일반적으로 내부 교육을 실시하고, 필요 시 외부 교육도 진행
• 터크먼Tuckman의 팀 구축 5단계
① 형성Forming: 프로젝트 팀원들이 각자의 역할을 이해하되, 자기를 개방하지 않은 상태
② 스토밍Storming: 프로젝트 진행에 대한 협의를 거치고, 팀원들 간의 관점을 이해하는 단계
③ 표준화Norming: 서로의 문화적인 차이를 이해하며 신뢰를 쌓아가는 단계
④ 수행Performing: 협업을 통한 이슈 해결 단계
⑤ 해산Adjourning: 프로젝트 임무를 완수하고 팀을 해체하는 단계

5) 프로젝트 팀 관리(실행 단계)

프로젝트 성과를 최적화하기 위해 팀원의 성과를 추적, 피드백, 이슈 해결, 변경 등을 관리하기 위한 프로세스다. 프로젝트팀 관리는 팀원들의 행동을 유심히 관찰하고 갈등을 관리하며 이슈 해결을 위해 노력해야 한다. 프로젝트 관리자는 팀워크를 촉진하고, 팀의 성과를 향상시킬 수 있도록 역량을 발휘해야 한다.

■ 해야 할 일: 갈등 관리 및 이슈 해결

■ 프로세스 기법: 갈등 관리. 갈등 관리는 프로젝트의 생산성을 향상시키고, 긍정적인 업무 관계를 조성하는 것으로, 갈등이 생기는 원인으로는 프로젝트 일정, 우선순위, 자원, 원가, 대인관계 등이 있다.

전략	내용
Forcing (자기의견 관철)	˅ 긴급히 결정 ˅ 인기가 없는 주요 정책, 옳다고 믿는 주요 안건을 집행할 때
Problem solving (Win-Win)	˅ 매우 중요한 통합된 의견을 도출 ˅ 남들의 의견을 들을 필요가 있을 때 ˅ 공감대를 형성하여 지속적인 관계유지를 할 필요가 있을 때
Compromising (양쪽 의견 절충)	˅ 목표는 중요하나 더 이상 설득이 힘들다고 느낄 때, 시간이 없을 때 ˅ 상호 배타적인 목표를 가진 집단들이 비슷한 파워를 가지고 있을 때 ˅ 복잡한 문제에 대하여 잠정적인 해결책을 도출할 때
Withdrawal (lose-lose)	˅ 이슈가 사소하거나 자기의 의견을 관철한 가능성이 낮다고 판단될 때 ˅ 분위기 전환이 필요하고, 추가 정보 수집이 필요할 때 ˅ 다른 그룹이 더 효과적으로 갈등을 풀 수 있다고 느낄 때
Smoothing (상대 의견 수용)	˅ 자기의 의견이 틀렸다고 느끼고 합리성이 있다는 것을 보여줄 때 ˅ 이슈가 다른 그룹에게 보다 중요한 사안일 때 ˅ 나중을 위하여 신용을 얻을 필요가 있고, 안정성이 매우 중요할 때

[표 3-3 갈등 해결 전략의 종류]

- 동기 부여 이론을 통한 팀 관리

① 매슬로Maslow의 욕구 5단계

[그림 3-29. 매슬로의 욕구 5단계]

매슬로의 욕구 5단계를 기반으로, 팀원들이 바라는 욕구를 고려하여 팀을 관리한다.

② 허즈버그Herzverg의 2요인 이론

   – 위생 요인(불만족을 발생시키는 요인): 급여, 인간관계, 직위, 환경, 안전성, 감독 등

   – 동기 요인(만족을 발생시키는 요인): 성취감, 칭찬, 흥미, 성장, 승진 등

허츠버그의 2요인 이론을 기반으로 불만족을 발생시키는 위생 요인은 제거하고 만족을 발생시키는 동기 요인은 촉진하여 팀원의 사기를 진작한다.

③ 맥그리거McGregor의 X, Y이론

   – X이론: 인간은 수동적이고 소극적인 본성을 가짐

   – Y이론: 인간은 능동적이고 적극적인 본성을 가짐

팀원들이 수동적인 업무 수행 시 강한 리더십을 발휘하고, 능동적인 업무 수행 시 유연한 리더십을 발휘하여 팀을 관리한다.

- 리더십(대인 기술): 특정 목표를 달성하기 위해 개인 또는 집단에 영향력을 발휘할 수 있는 능력으로 직위 또는 개인의 능력을 기반으로 리더십을 발휘하여 팀을 이끌어나간다.
  ① 직위 권력Position Power
    – 공식적인 권력Formal Power: 권위에 의한 힘
    – 불이익 권한Penalty Power: 팀원에게 불이익을 줄 수 있는 권한
    – 보상 권한Reward Power: 팀원에게 보상을 기대하게 하여 통솔(승진, 급여 인상 등)
  ② 개인 능력Personal Power
    – 준거적 역량Reference Power: PM이 가진 성품이나 인격에 의해 자연스럽게 존경하는 마음에서 발생
    – 전문가적 역량Expert Power: 업종 및 기술 전문성에서 발생

6) 자원 통제(감시 및 통제 단계)

프로젝트에 투입된 자원을 확인하고, 계획대로 투입 및 활용되고 있는지 모니터링하는 프로세스다.

- ■ 해야 할 일: 성과 측정. 프로젝트에 투입된 자원이 계획대로 업무를 수행하는지 확인하고, 차이가 나면 이에 대한 시정 조치를 수행한다.

(3) 주요 사례 및 이슈

2010년 OOO병원 프로젝트에서 보험 파트 개발 인력이 퇴사하여 이를 대체할 인력이 없어 진료/병리 파트 인력으로 추가 투입하였으나 실패했다. 해당 업무에 전문적인 인력을 확보하지 못해 사업이 지연되면서 추가 비용이 발생하면서 손해가 늘어났다. 이처럼 전문 인력이 아닌 인력을 투입하면 오히려

손해가 발생하고 일정이 지연될 수 있다.

- 인공지능 개발 시 자원 관리 이슈
  - 해당 분야에 전문적이지 않은 데이터 구축, 알고리즘 개발 인력 투입으로 인한 재작업 수행으로 손해 발생
  - 핵심 알고리즘 개발 인력에 대한 대체 인력 부족으로 인한 개발 지연
  - 교육 훈련 미흡에 따른 데이터 구축 및 소프트웨어 개발 역량 미흡

■ 자주 발생하는 이슈 및 해결 방안

프로젝트에 적합한 자원 투입의 어려움	Business 수행을 위해 조직 내 반드시 필요한 기술의 스킬 인벤토리화 및 핵심 인력의 상시 육성
프로젝트 진행 중 고객에 의한 팀원 교체 요청	자원 확보를 위한 핵심 파트너사와의 긴밀한 협력 관계 유지
팀원의 퇴사	고객과의 의사소통은 가급적 소통 능력이 있는 인력 활용 및 PM이 직접 소통
프로젝트 관리 역량 미흡으로 인한 갈등 발생	사전 대체 인력 확보 노력
조직 내 기술적 역량의 부재	역량 있는 프로젝트 관리자 투입

프로젝트에서 가장 효과적으로 통제할 수 있는 프로젝트 관리자의 파워는 전문성이다. 따라서 리더로서 경험이 많은 프로젝트 관리자를 투입하여 프로젝트팀을 이끌게 해야 한다.

9. 품질 관리

고객의 요구 사항을 충족시키기 위해 필요한 품질 정책, 품질 목표 등 품질 관련 사항들을 관리하는 모든 활동이다.

■ **인공지능 개발 시 고려 사항**

인공지능 소프트웨어 개발에서 품질 관리는 어떤 업무를 수행하는 것일까? 소프트웨어를 개발할 때는 품질보증과 품질검증 활동을 수행하는데, 개념과 절차를 잘 숙지하면 사용자가 원하는 서비스를 구축하는 데 효율적이다. 특히 인공지능 서비스의 경우 데이터의 품질, 즉 알리고즘 성능 검증이 중요한 부분이어서 품질 관리 활동이 더욱 필요하다.

(1) 품질 관리 핵심 포인트

품질은 제품이나 서비스의 특성이 사용자의 요구 사항을 얼마나 만족시키는지를 나타낸다. 프로젝트를 수행한 결과가 최상의 품질을 제공한다면 그 프로젝트는 성공한 것이다. 따라서 프로젝트팀은 지속적인 품질보증 활동을 통해 품질 목표를 달성해야 한다. 품질보증은 조직 내 표준 프로세스를 프로젝트의 특성에 맞도록 체계적으로 적용해야 하므로 프로젝트 요구 사항을 충족하는 데 필요한 프로세스를 정의하고, 정의한 프로세스에 따라 프로젝트를 수행하도록 교육과 감사를 수행한다. 품질보증 활동의 목적은 다음의 3가지다.

- ✓ 개발하는 제품에 대한 가시적인 성과의 제공
- ✓ 제품과 활동이 표준 프로세스를 준수하는지 확인
- ✓ 표준 프로세스를 프로젝트팀에 가이드하고 부적합 사항을 처리

프로젝트팀은 지속적인 품질보증 활동을 통해 프로젝트 결과물에 대해 고객 만족을 이끌어내야 한다. 조직에 품질 관리팀이 있는가? 있다면 어떤 역할을 하고 있는가? 필자가 프로젝트 컨설팅 업무를 수행하면서 체계적으로 품질 관리 활동을 수행하는 기업을 많이 보지 못했으며, 개발자가 품질 관리 활동의 목적을 이해하지 못하는 경우가 많았다.

프로젝트의 품질 관리는 품질보증Quality Assurance과 품질통제Quality Control로 구분할 수 있다. 품질보증은 프로젝트를 체계적으로 수행할 수 있도록 표준 프로세스를 준수하도록 지원하는 것이고, 품질통제는 고객이 요구한 기능이 제대로 동작하는지 검증하기 위한 것이다. 이러한 품질 관리 업무는 프로젝트 전반에 걸친 것이므로 효과적으로 수행하기 위해서는 경험이 많은 품질 관리 전문가가 필요하다. 품질 관리 전문가는 프로젝트의 특성에 맞게 표준 프로세스를 수립하고, 단계적으로 품질 활동을 전개한다. 품질 활동은 고객의 요구 사항을 기초로 해야 하며, 프로젝트 참여자가 공감대를 형성하고 이해할 수 있도록 꾸준한 교육이 진행되어야 한다.

더욱이 인공지능 개발의 경우 서비스 품질, 즉 알고리즘의 성능 확보가 가장 중요하다. 알고리즘의 성능은 데이터 구축에서 시작되므로, 데이터 수집에 대한 기준을 명확히 하여 숙련된 데이터 가공 인력과 검수자를 투입함으로써 데이터 품질을 확보해야 한다. 데이터 품질이 확보되면 인공지능 모델에 적합한지, 정량적으로 원하는 정확도가 나오는지, 검사를 통해 확인한다. 이렇게 품질 보증을 수행하는 것이 인공지능 서비스의 품질 관리 활동 중 가장 중요한 부분이다.

품질 목표 달성은 얼마나 체계적인 프로세스를 수립하고 유지하는가에 따라 달려 있다. 그러려면 첫째, 품질보증 활동을 이해한다. 품질 목표는 고객을 만족시키기 위한 것으로, 체계적인 활동 계획을 수립해야 한다. 프로젝트의 품질 활동에 적합한 품질 전문가를 확보하여 표준 프로세스를 수립하고, 이를 프로젝트 전체 참여자들에게 교육하여 품질보증 활동의 목적을 이해시킨다. 둘째, 세밀하게 품질보증 활동을 수행한다. 고객 만족도 달성은 단순하지 않다. 정확하게 고객의 니즈를 정의하여 관리해야 혼란을 피할 수 있다. 품질 관리 계획이 수립되면 절차에 따라 품질보증 활동을 수행하고, 고객의 요구 사항이 시스템에 제대로 반영되었는지 빠짐없이 검증한다. 셋째, 부적합한 사항은 끝까지 개선한다.

품질 목표 달성은 프로젝트의 성공을 의미하므로 프로젝트 전반에 걸쳐 품질보증 활동을 수행해야 한다. 꾸준한 품질 프로세스 개선은 조직의 프로젝트 성공과 비즈니스 목표 달성에 크게 기여한다.

(2) 품질 관리 절차

프로젝트 품질 관리는 제품의 품질 요구 사항을 식별하여 지속적으로 품질보증 활동을 수행함으로써 프로젝트의 품질 목표를 달성하기 위한 것이다.

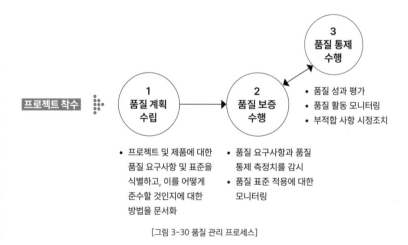

[그림 3-30 품질 관리 프로세스]

1) 품질 계획 수립(계획 단계)

프로젝트 및 제품에 대한 품질 요구 사항을 식별하고, 품질 목표 달성을 위해 표준 프로세스를 수립하여 프로젝트에서 이를 준수하도록 문서화하는 프로세스다.

- 해야 할 일: 범위 기술서, 원가 기준선, 일정 기준선, 알고리즘 성능 목표를 기반으로 품질 관리 계획서 작성한다. 알고리즘 성능 목표는 품질검증 계획에 포함하여 정량적인 목표치를 제시한다.

- 프로세스 기법
- 품질 비용Cost of Quality: 프로젝트 전반에 걸쳐 발생하는 모든 품질 원가의 합을 의미(예: 품질 교육 비용, 프로세스 개선 비용, 테스트/, 검사, 재작업 비용 등)
  - 예방 비용: 교육, 품질 계획 등
  - 평가 비용: 심사, 검사 등
  - 실패 비용: 내부 실패(폐기처분, 재작업, 재검사), 외부 실패(반품)
- 실험 설계법Design of Experiments: 테스트 횟수 및 유형과 같이 품질 비용에 미치는 영향을 결정하는 데 활용
- 통계적 표본 추출: 모집단에서 검사 표본을 확률적으로 추출하는 방법

2) 품질보증 수행(실행 단계)

품질 요구 사항과 알고리즘 품질검증을 모니터링하고, 품질 목표 달성을 위한 표준 프로세스 적용을 준수하고 있는지 확인하는 프로세스다. 품질보증 수행은 지속적으로 프로세스를 개선하여 품질 만족도 및 성능을 향상시켜야 한다.

■ 해야 할 일: 품질보증 활동 수행. 품질보증은 품질 계획서를 바탕으로 품질 감사를 수행하여, 프로젝트에 적용된 표준 프로세스와 산출물을 적시에 제대로 작성하고 있는지 확인하는 것이다.

  – 표준 프로세스의 준수: 소프트웨어 개발 과정 전반에 걸쳐 적용한 방법론과 표준에 대해 체크리스트를 통해 확인

  – 산출물 작성 확인: 개발 단계별로 작성해야 하는 산출물을 완전히 작성하고 있는지 확인

• 품질검증 활동 수행: 인공지능 서비스 개발을 위한 품질검증은 알고리즘 성능을 검증하는 활동과 테스트를 통해 사용자가 요구한 기능의 만족도를 확인하는 활동으로 구분할 수 있다.

  – 알고리즘 성능 검증: 데이터 유효성 검증, 알고리즘 성능의 정량적 목표 달성 확인

  – 서비스 품질 검증: 소프트웨어 개발 단계별 테스트를 통해 서비스 품질 확보

■ 프로세스 기법

• 품질 감사는 고객의 품질 요구 사항 및 품질 목표 달성 여부를 점검하는 활동으로, 품질 점검 체크리스트를 기반으로 부적합한 사항을 식별하고, 시정 조치, 결함 수정, 예방 조치를 포함하여 승인된 변경 요청에 대한 결과를 확인한다.

• 테스트: 시스템이나 프로그램이 특정 환경에서 제대로 동작하는지 평가하고 기록하는 프로세스

No	테스트명	설명
1	단위 테스트	개발하는 시스템의 단위 프로그램이 독립적으로 그 기능을 적절하게 수행하는지 검증
2	통합 테스트	애플리케이션 프로그램들 간의 인터페이스를 테스트하여 통합된 프로그램들이 기능을 제대로 수행하는지 검증
3	시스템 테스트	애플리케이션 프로그램들과 하드웨어, 소프트웨어를 포함한 전체 시스템을 대상으로 성능, 스트레스 등의 요소들을 테스트
4	인수 테스트	개발된 시스템을 운영 환경으로 전환하기 위해 사용자의 요구 사항이 시스템에 전체적으로 반영되었는지 사용자 주도로 테스트를 실시하여 최종 승인 여부를 결정

[표 3-4 테스트 종류 및 수행 단계]

3) 품질 통제 수행(감시 및 통제 단계)

품질 활동의 실행 결과를 감시 및 기록하여 성과를 평가하고, 필요한 변경에 대한 권고안을 제시하는 프로세스로, 프로젝트 전반에 걸쳐 수행해야 한다.

- 해야 할 일: 시정 조치. 품질 관리 활동 결과, 부적합한 사항을 기록하고 이에 대한 개선 조치를 수행하는 것이다. 부적합한 사항은 개선이 완료될 때까지 추적 관리하여 조치한다.

(3) 주요 사례 및 이슈

2023년 초, 구글 바드가 처음 발표되었을 때 데이터의 오류로 인하여 10%나 주가가 하락했다. 이후 바드는 품질 개선을 위해 큰 비용을 치르고 재오픈했다. 이와 같이 품질 문제가 발생하면 더욱 큰 비용이 발생할 수 있다.

- 인공지능 개발 시 품질 관리 이슈

  - 데이터 구축 시 비전문 인력의 레이블링 및 검수로 재작업을 수행할 수 있다.

  - 알고리즘 성능 미달로 인한 추가 데이터 학습 및 재작업으로 인해 추가 비용이 발
    생할 수 있다.

  - 알고리즘 성능 미달로 인해 프로젝트 자체가 중단될 수 있다.

■ **자주 발생하는 이슈 및 해결 방안**

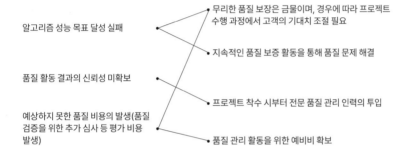

알고리즘 성능 목표 달성 실패

품질 활동 결과의 신뢰성 미확보

예상하지 못한 품질 비용의 발생(품질 검증을 위한 추가 심사 등 평가 비용 발생)

무리한 품질 보장은 금물이며, 경우에 따라 프로젝트 수행 과정에서 고객의 기대치 조절 필요

지속적인 품질 보증 활동을 통해 품질 문제 해결

프로젝트 착수 시부터 전문 품질 관리 인력의 투입

품질 관리 활동을 위한 예비비 확보

1. 품질보증과 품질통제의 개념을 구분하여 프로젝트를 수행해야 한다.
 1) 품질보증(예: 품질 감사 등)
고객에게 우수한 제품을 제공하기 위해 적합한 프로세스를 적용하는 것
제품의 기술적 요구 사항을 충족시키기 위해 필요한 모든 활동
품질 감사, 프로세스 개선 활동 등을 통해 수행

 2) 품질통제(예: 시험 활동 등)
프로젝트 수행 결과물을 평가하여 목표 달성 여부를 판단하고 부적합한 사항이 있을
경우 시정 조치를 수행하는 것
시스템 요구 사항을 충족했는지 검증하는 프로세스
검사, 테스트 등을 통해 수행

2-1) 품질보증 담당자의 역할
1) 코칭
조직 내 표준 프로세스를 테일러링하여 프로젝트에 적합한 프로세스를 적용하도록 함
프로젝트에 선정된 프로세스를 적합하게 사용할 수 있도록 지원
프로젝트의 예상되는 문제점과 주요 이슈에 대한 대안을 제시

 2) 검토
작업 산출물에 대한 검토 및 피드백
프로세스 및 작업 산출물 점검 후 부적합 사항에 대한 시정 조치 여부 확인
 3) 감사
프로젝트 정기 심사 및 평가, 보고
 - 표준 프로세스 준수 여부 확인
 - 신출물의 무결성, 징확성 평가
프로젝트 심사 결과 보고 및 시정 조치 요청

의사소통 관리는 프로젝트에 참여하는 모든 이해관계자들과 정보를 공유하고 협의하기 위한 프로세스다. 지금 진행하고 있는 프로젝트에서 가장 핵심적인 영향력이 있는 사람은 누구인가? 주요 참여자와의 관계는 어떠한가? 프로젝트에 참여하고 있는 이해관계자와 프로젝트 진행 현황에 대한 정보가 잘 공유되고 있는가? 이에 따라 중요한 의사결정이 적시에 이루어지고 있는가? 의사소통의 문제는 프로젝트 목표 달성에 커다란 위험을 발생시킬 수 있다.

■ 인공지능 개발 시 고려 사항

인공지능 개발의 경우 데이터 구축, 알고리즘 개발, 소프트웨어 개발자, 사용자 등 이해관계자가 다양하게 참여하고 개발 단계가 복잡하기 때문에 정보의 공유 및 원활한 의사소통이 매우 중요하다. 이때 사용자와의 관계가 잘 설정되어 있다면 대화를 통해 프로젝트 범위를 합리적으로 설정할 수 있지만, 그렇지 않다면 프로젝트 내내 상당한 어려움을 겪을 수도 있다.

(1) 의사소통 관리 핵심 포인트

프로젝트는 사용자의 니즈를 만족시키는 작업이다. 여기서 니즈란 프로젝트 목표에 맞게 적절한 범위를 제한하여 그들이 바라는 시스템을 구현하는 것이다. 사용자는 본인의 니즈가 사업 범위에 포함되는지, 제한된 예산에 맞춰 진행할 수 있는지 모른 채 요구할 수 있기 때문에 프로젝트팀은 이를 잘 조절해야 한다.

사용자와의 관계를 설정할 때는 사용자의 성향을 파악하는 것이 우선이다. 어떤 사용자는 프로젝트팀에 맡겨놓고 결과에 대해서만 피드백을 주는 반면에, 또 다른 사용자는 프로젝트 초기부터 자신의 의견을 적극적으로 반영하려고 한다. 따라서 사용자 고유의 성향을 분석하고 유연하게 대처해야 한다. 또한 사용자가 속한 조직 문화를 이해할 필요도 있다. 모든 공동체는 그들만의 문화가 있다. 그런데 문화가 갑자기 바뀌거나 익숙하지 않은 환경이 되면 거부감을 느끼거나 벗어나려고 할 것이다. 프로젝트팀이 사용자의 문화를 이해하고 그에 맞춰 프로젝트 활동을 전개한다면, 사용자와 좀 더 친밀하게 관계를 맺을 수 있다.

첫째, 사용자의 성향을 파악한다. 고객사의 조직 문화를 살피고 그들이 일하는 환경과 문화를 이해한다. 요구 사항을 정확히 정의하기 위해 프로젝트의 역할과 책임에 따라 사용자를 식별하고 그들의 성향을 파악하여 친밀도를 높일 수 있도록 의사소통 채널을 확보한다. 둘째, 사용자 니즈에 초점을 맞춘다. 사용자의 요구 사항을 깊이 있게 이해하기 위한 데이터와 정보를 수집하고, 그들의 니즈를 파악한다. 프로젝트를 진행하면서 사용자의 니즈에 대해 지속적으로 피드백을 수집하고, 공감대를 형성한다. 셋째, 사용자를 존중한다. 프로젝트팀은 프로젝트 진행 결과를 신속하게 공유하여 사용자와 항상 조화로운 관계를 유지한다.

프로젝트는 사용자와의 관계 설정에 따라 성공과 실패가 좌우될 수도 있다. 사용자의 기대를 충족하지 못하면 프로젝트는 실패할 수 있으므로, 사용자가 현재 사용하고 있는 시스템, 프로세스, 기술 등의 문화를 잘 이해하면 프로젝트 성공에 큰 도움이 될 것이다.

(2) 의사소통 관리 절차

프로젝트를 수행하면서 발생하는 정보를 어떻게 생성하고 취합하여 분류하고 보관하여 배포할 것인지 명확하게 정하여 프로젝트에 참여하는 이해관계자와 지속적으로 의사소통한다.

이러한 활동을 효율적으로 하려면 고객과의 의사소통 채널을 확보해야 한다. 프로젝트에 참여하고 있는 사용자를 분류하고, 현재 가장 큰 권한을 행사하는 키맨이 누구인지 파악하여 원하는 바를 충족시키고, 적극적으로 프로젝트에 참여시킨다. 또한 팀원과 지속적으로 소통한다. 프로젝트팀 내에서 의사소통이 없다면 정보의 오류가 일어날 수 있고, 업무 수행 및 산출물에 대한 견해의 차이가 발생할 수도 있다.

프로젝트 참여자들끼리 더욱 효율적으로 의사소통하려면 표준 양식을 제공하는 것이 바람직하다. 프로젝트에 참여하는 모든 사람이 공통으로 사용하는 양식이 있으면 부정확한 소통을 방지할 수 있기 때문이다.

프로젝트팀 관점에서 의사소통 채널 및 유형은 다음과 같다.

■ 의사소통 채널

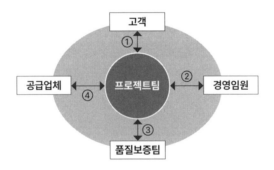

[그림 3-31 프로젝트팀 의사소통 채널]

① 프로젝트 진도 보고, 업무 회의체 등
② 프로젝트 진행 보고, 업무 지원 및 지시
③ 품질 점검, 시정 조치 요청 및 결과 보고
④ 공급업체 진도 관리, 구매 등

■ 의사소통 유형

① **회의체**

- TFT 회의(또는 추진단 회의): 개발 범위의 확정, 프로젝트 범위 변경에 대한 의사결정

- 프로젝트팀 회의: 프로젝트 내부 팀별 회의 수행, 프로젝트 이슈 및 리스크 공유

- 수시 회의: 프로젝트 수행 중 갑자기 발생하는 이슈 및 리스크 공유 및 처리

② **보고체**

- 주간 보고: 프로젝트 주간 실적 및 차주 계획 보고

- 월간 보고: 사업 계획 대비 프로젝트 진척도, 이슈 및 리스크 공유

- 마일스톤 보고: 프로젝트 마일스톤 단계 점검 및 진행 상황 보고

- 착수 보고: 사업 수행 목적 및 범위 등 사업 시작을 위한 계획 보고

- 중간 보고: 사업 수행 중간에 추진 현황, 개선 사항, 향후 추진 방향 보고

- 완료 보고: 사업 수행 결과에 대한 최종 보고

- 수시 보고: 작업 진행상 문제 또는 특이 사항 발생 시 보고

프로젝트 착수

1 이해관계자 식별	2 의사소통 계획수립	3 정보 배포	4 이해관계자 기대사항 관리	5 성과 보고
• 프로젝트에 참여하는 모든 이해관계자를 식별 • 이해관계자별 영향력 정도를 파악하여 분류	• 이해관계자의 정보 요구사항을 식별 • 의사소통 방식 정의	• 이해관계자에게 계획된 정보를 제공	• 이해관계자와 의사소통 • 이해관계자의 요구사항 충족 및 이슈 조치	• 프로젝트 현황 보고 • 진척도 측정 및 성과 정보 배포

[그림 3-32 의사소통 관리 프로세스]

1) 이해관계자 식별(착수 단계)

이해관계자는 프로젝트 초기에 식별하여 그들의 기대 사항, 중요도, 영향력 수준을 분석해야 한다. 특정 이해관계자의 권한이 프로젝트의 성공을 좌지우지할 수도 있기 때문이다. 그리고 프로젝트의 긍정적인 영향을 극대화하고, 잠재된 부정적인 영향은 완화하는 전략을 적용한다. 프로젝트 기간에는 이해관계자와의 소통 전략을 주기적으로 검토하고 조정한다. 프로젝트에 미치는 영향력 및 참여도에 따라 이해관계자를 분류하고 목록화하는 것이 가장 중요하다.

■ 해야 할 일

- 이해관계자 식별 및 분석: 프로젝트에 참여하는 이해관계자를 식별하고 분류하여 영향력 정도를 파악한다.

- 이해관계자 관리 전략 수립: 프로젝트에 상당한 영향을 줄 수 있는 주요 이해관계자에 대해 적합한 프로젝트 참여 방안을 수립한다.

■ 프로세스 기법: 단계별 이해관계자 분석

- 1단계: 프로젝트에 참여하는 잠재적인 모든 이해관계자 및 관련 정보의 식별

- 2단계: 이해관계자의 잠재적 영향력 또는 지원 범위를 식별하여 분류

- 3단계: 주요 이해관계자들의 다양한 상황에서의 반응 및 응답 방법 평가

2) 의사소통 계획 수립(계획 단계)

의사소통 계획 수립은 이해관계자의 정보 및 의사소통 요구에 응답하는 프로세스로, 프로젝트 특성에 맞게 올바른 형식에 따라 적합한 효력을 발휘할 수 있도록 필요한 정보만 제공하도록 의사소통 계획을 수립해야 하며, 프로젝트 전반에 걸쳐 주기적으로 검토하고 필요에 따라서는 수정하도록 한다.

의사소통 계획을 수립할 때는 이해관계자의 정보 요구 사항을 파악하는 것이 중요하다.

- ✓ 어떤 정보를 언제 수집할 것인가?
- ✓ 누구에게 이 정보를 제공할 것인가?
- ✓ 수집된 정보는 어디에, 어떻게 저장할 것인가?
- ✓ 누가 이러한 정보를 취합, 분석하고 관리할 것인가?
- ✓ 정보의 보고 체계는 어떻게 할 것인가?
- ✓ 정보 배포 시점(정기적인 배포 주기)은 어떻게 할 것인가?
- ✓ 기타(템플릿, 버전 부여 체계, 보안 등)

- ■ 해야 할 일: 식별된 이해관계자 목록을 바탕으로 보고체, 회의체를 포함한 의사소통 계획서 작성

- ■ 프로세스 기법
- • 의사소통 요구 사항 분석: 의사소통 채널의 수를 산정한 후, 참여자들의 성향을 파악하여 분석한다. 대개 의사소통 채널의 수는 N(N-1)/2(N: 전체 이해관계자의 수)로 한다.
- • 의사소통 모델
  - – 암호화: 견해나 아이디어를 다른 사람들이 이해할 수 있는 언어로 변환하는 것
  - – 잡음: 메시지 전송에 방해되는 모든 것(거리, 생소한 기술 등)
  - – 해독: 메시지를 의미 있는 견해나 아이디어로 변환하는 것
- • 의사소통 분석
  - – 공식 문서Formal Written: 복잡한 문제 해결이 필요한 경우(프로젝트 계획서, 계약서 등)
  - – 공식 언어Formal Verbal: 프레젠테이션, 스피치 등

– 비공식 문서Informal Written: 메모, 이메일 등

– 비공식 언어Informal Verbal: 회의, 일상적인 대화 등

3) 정보 배포(실행 단계)

전체 프로젝트 과정에 따라 모든 관리 프로세스에서 수행해야 하며, 의사소통 관리 계획의 이행과 예상하지 못한 정보 요청에 대한 응답 등을 수행한다.

- **해야 할 일: 프로젝트 성과 공유. 프로젝트 현황 보고서를 공유하여 이해관계 자의 피드백을 받는다.**

- **프로세스 기법: 정보 배포 도구를 활용한다. 출력한 문서, 수작업 서류, 공용 데이터베이스, 이메일, 팩스, 전화, 화상 회의, 프로젝트 관리 툴, 협업 관리 도 구 등**

4) 이해관계자 기대 사항 관리(실행 단계)

이해관계자의 요구 사항을 협상 및 조율하고, 예상되는 이슈에 대해 협의 및 위험을 평가하는 프로세스로, 식별된 이슈는 명확하게 규명하고 해결한다.

- **해야 할 일: 이해관계자 요구 사항 관리. 프로젝트 변경 요청 내역을 관리하여 적절하게 소통한다.**

- **프로세스 기법**
  - 대인 기술: 신뢰의 구축, 갈등의 해결, 적극적인 경청, 변경 요청의 협상 등
  - 관리 기술: 발표, 협상, 문서 작성 등

5) 성과 보고(실행 단계)

프로젝트 진행 및 성과에 대해 공유하고, 기준선 자료와 실제 데이터를 수집 및 분석하여 각각의 이해관계자에게 적합한 수준의 정보를 제공하는 프로세스다.

- ■ 해야 할 일: 프로젝트 계획 대비 실적에 대한 성과 보고서 작성하여 배포한다. 프로젝트 현황, 진척도, 예측, 편차, 획득 가치 등의 내용을 포함

- ■ 프로세스 기법: 예측 방법으로는 향후 산출물을 예측하는 기준으로 선례 자료를 활용하는 시계열 기법, 가정을 토대로 예측 변수에 영향을 미칠 수 있는 요인을 식별하는 인과/계량 기법, 직관적 판단, 견해, 확률 예측치를 통합하여 판단하는 기법 등이 있다.

(3) 주요 사례 및 이슈

핵심 이해관계자의 요구 사항을 구현하지 않아서 실패하는 경우를 빈번하게 볼 수 있다. 이는 키맨을 잘못 식별하거나 설정하기 때문이다. 주요 이해관계자를 식별하고 의사소통 채널을 확보하는 것은 매우 중요한 프로젝트 활동 중 하나로, 이해관계자와의 친밀한 관계 설정은 원활한 프로젝트 수행에 큰 도움이 된다.

- · 인공지능 개발 시 의사소통 이슈
  - 헬스케어 산업에서 인공지능 비즈니스는 식약처 의료기기 인허가 취득이 필수인데, 사전 검토 없이 인공지능 서비스를 개발하여 다시 개발하는 사례가 발생한다.
  - 학습 데이터셋 구축에 참여하는 데이터 수집 작업자와 데이터 검수자 간의 소통 부

재로 데이터를 재수집 및 재가공한다.

– 사용자와 소프트웨어 개발자의 소통 부재로 소프트웨어를 재작업하기도 한다.

■ 자주 발생하는 이슈 및 해결 방안

1. 의사소통 관리는 이해관계자를 식별하고 그들의 정확한 요구 사항과 영향력 정도를 파악하여 식별하는 것이 중요하다.
2. 프로젝트 관리자는 고객 및 프로젝트팀과 의사소통하는 데 집중해야 하며, 그들의 정보 요구 사항을 잘 파악하여 제공해야 한다.
3. 의사소통은 먼저 들어야 한다. 먼저 듣고, 상대가 무엇을 생각하고 말하는지 먼저 파악한다. 상대가 원하는 것을 알면, 내가 원하는 방향으로 전략을 수립하기가 좀 더 수월해진다. 또한, 상대가 말하는 내용을 이해하고 답한다면 더욱 논리적으로 대응할 수 있다.

11. 위험 관리

위험은 아직 발생하지 않았으나 향후에 프로젝트 목표에 부정적인 영향과 결과를 초래할 수 있는 불확실한 사건이나 상황을 말한다. 그러므로 위험이 발생하기 전에 프로젝트 성공에 부정적인 영향을 주지 않도록 관리해야 한다.

■ 인공지능 개발 시 고려 사항

인공지능 개발은 데이터를 기반으로 하기 때문에 보안을 비롯하여 처음부터 관리해야 하는 위협 요소가 많다. 따라서 프로젝트 초기부터 위험 관리를 위해 다음의 물음에 답할 수 있어야 한다. 현재 진행하고 있는 프로젝트의 위험 요소에는 어떤 것이 있는가? 프로젝트 착수 시 위험을 식별하였는가? 위험 관리는 어떤 절차로 수행하는가? 위험이 식별되었다면 위험에 대한 대응 방안은 무엇인가? 프로젝트 위험은 착수 시점부터 식별하여 종료까지 지속적으로 관리해야 하는 프로세스로, 위험 발생 시 적극적인 완화 활동으로 위험을 최소화하도록 한다.

(1) 위험 관리 핵심 포인트

필자의 경험에 따르면 위험, 이슈, 문제에 대한 개념도 잘 잡히지 않아서 이를 구분하지 않고 똑같이 관리하는 경우가 많다. 위험이란 아직 발생하지 않았으나 향후에 프로젝트 목표(범위, 일정, 비용, 품질 등)에 부정적인 영향과 결과를 초래할 수 있는 발생 가능한 불확실한 사건이나 상황을 말한다. 위험이 발생하면 이슈가 되고, 이것이 부정적인 영향을 미치면 문제가 된다.

위험 | 이슈 | 문제
프로젝트의 잠재적 위협 요소 | 위험이 발생하여 프로젝트에 영향을 주는 요인 | 이슈 중에서 프로젝트에 부정적인 영향을 주는 요인

2011년 3월 9일 일본 산리쿠 연안 진도 9.1 지진 발생

비교적 좁은 땅에서 4개의 판이 중첩하는 일본 열도는 지진이 언제든 발생할 수 있음

수많은 인명 피해와 천문학적인 경제적 손실 발생

후쿠시마 원자력 발전소 사고 발생 - 아직 끝나지 않은 재앙

[그림 3-33 위험과 이슈, 문제의 정의]

위험은 발생하지 않는다면 별다른 영향을 주지는 않지만, 한번 발생하면 프로젝트 성공에 커다란 영향을 미칠 수 있기 때문에 프로젝트 전 과정에서 식별, 분석, 평가, 대응하는 활동을 지속적, 정기적으로 수행해야 한다. 위험의 발생 요소로는 내적, 외적 요소, 비용, 일정, 기술 등이 있으며, 각 항목별로 발생할지도 모르는 위험 요인들을 프로젝트 초기에 목록화해두면 좋다. 하지만 대부분은 잠재적 위협 요소까지 생각할 겨를이 없어서 위험이 발생했을 때 대처하는 경우가 많다. 위험이 발생하여 문제가 되면 사업 범위 변경, 인력 퇴사, 일정의 지연 등이 갑자기 발생할 수 있으며, 이것은 프로젝트팀에 커다란 타격을 준다.

따라서 프로젝트 초기에 위험 요인들을 목록화 및 분석하고, 체계적인 위험 관리 계획을 수립해야 한다. 계획에 따라 위험을 지속적으로 관리하면 위험을 통제할 수 있다. 인공지능 서비스 개발은 알고리즘 성능을 확보하지 못하면 비즈니스로 이어질 수 없기 때문에, 이에 관한 비상 계획과 추가 예비비를 확보해두면 도움이 된다.

그리고 식별된 위험은 발생하면 어떤 영향을 미칠지 평가해야 한다. 위험 평가는 개인이 하는 것이 아니고, 프로젝트팀과 사용자, 즉 프로젝트에 참여하는 이해관계자가 함께한다.

(2) 위험 관리 절차

프로젝트 위험 관리는 프로젝트에 대한 위험을 식별, 분석, 대응, 감시 및 통제하는 프로세스다.

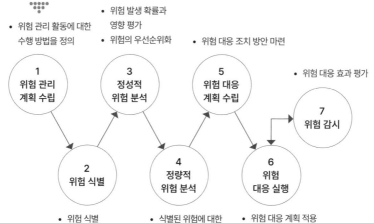

[그림 3-34 위험 관리 프로세스]

1) 위험 관리 계획 수립(계획 단계)

프로젝트 수행 시 위험 관리 활동의 수행 방법을 정의하는 프로세스로, 위험 관리의 수준, 유형 및 가시성을 식별하여 정의한다. 프로젝트 초기에 위험을 정의하는 것이 중요하다.

- **해야 할 일**
  - 위험 관리 계획서 작성: 프로젝트 동안 위험의 식별, 분석, 대응 및 통제 활동을 체계화한 문서 작성
  - 위험 관리 계획서에 포함해야 하는 사항
    - 프로젝트에 상당한 영향을 줄 수 있는 주요 이해관계자
    - 위험 관리 방법론: 위험 관리 접근 방법, 절차, 기준 등
    - 위험 관리를 위한 역할과 책임
    - 비상 계획Contingency Plan
    - 위험 대응 시기
    - 위험 범주: 체크리스트
    - 위험 평가 체계: 발생 가능성, 영향도
    - 보고 형식
    - 위험 추적 방안

2) 위험 식별(계획 단계)

프로젝트에 영향을 미칠 수 있는 위험을 결정하고 위험 요소별로 특성을 문서화하는 프로세스로, 다음과 같은 특징이 있다.

모든 프로젝트 팀원이 위험 식별에 기여할 수 있는 환경이 조성되어야 한다.

반복적인 프로세스로 반복되는 빈도와 참여자는 상황에 따라 달라진다.

프로젝트팀이 반드시 참여하여 위험 및 위험 대응 조치에 대한 주인의식과 책임감을 가지고 유지해야 한다.

■ 해야 할 일: 사업계획서를 바탕으로 식별된 위험을 위험 관리 대장에 작성한다.

■ 프로세스 기법

- 브레인스토밍: 회의 형식으로 팀원의 아이디어를 모아 어떤 문제에 대한 해결 방안을 찾는 방식으로, 프로젝트의 위험 목록 작성을 위한 것이다. 위험을 식별하여 유형별로 분류하고 위험 요소별로 구체화하여 정의하는 데 도움이 된다.

- 델파이 기법: 개인의 편견을 줄이는 데 효과적인 기법으로, 전문가들의 의견을 되풀이해서 수집하고 이를 교환해서 발전시킴으로써 미래를 예측하는 기법

- 근본 원인 분석Root Cause Analysis: 문제를 발생시키는 근본적인 원인을 찾아 예방 조치하는 기법

- SWOT 분석: 외부 환경의 기회 요인과 위협 요인을 파악하고, 내부의 강점과 약점을 분석한 후 전략적인 대안을 도출하는 분석 기법

〈SWOT 분석〉

내부 요소	외부 요소
강점(Strengths) 강점으로 인식되는 것은 무엇인가?	기회(Opportunities) 외부 환경에서 유리한 기회 요인은 무엇인가?
약점(Weaknesses) 약점으로 인식되는 것은 무엇인가?	위협(Threats) 외부 환경에서 불리한 위협요인은 무엇인가?

[표 3-5 SWOT 분석]

강점: 가용자원, 구성원의 능력, 조직의 전문성 등
약점: 기회를 획득하는 데 제약이 되는 요인들
기회: 문제를 해결하는 데 보충이 될 수 있는 외적 요인들
위협: 조직 외부로부터 가해지는 활동이나 관점들로, 목표 달성에 방해가 되는 것들

- SWOT 분석은 특정 상황이나 의사결정 문제를 점검하고 활동 계획을 결정하기 위한 기초 도구로 사용되며, 개인 또는 그룹 단위로 분석이 가능함
- 일반적으로 기회와 위협을 먼저 검토하고, 강점과 약점을 나중에 기회와 위협과의 관계 속에서 검토함

3) 정성적 위험 분석 수행(계획 단계)

프로젝트의 위험 발생 확률과 영향을 평가하여 통합함으로써 추가적인 분석이나 대응에 유용하도록 위험의 우선순위를 지정하는 프로세스로, 다음의 사항을 고려한다.

- 주요 프로젝트 참여자의 위험 대응 태도를 명확하게 식별해서 관리한다.
- 위험 관련 대응의 긴급성에 따라 위험의 중요성이 증대된다.
- 정성적 위험 분석은 정량적 위험 분석 수행을 위한 기초가 된다.

■ 해야 할 일: 위험별로 상대적 등급을 매기거나 우선순위를 정해서 위험 관리 대장을 업데이트한다.

■ 프로세스 기법
- **위험 확률-영향 평가**: 특정 위험별로 발생할 수 있는 확률을 조사하는 것
- **확률-영향 매트릭스**: 위험을 정량화하여 분석하고 이를 등급에 따라 우선순위화하여 대응하기 위한 기법
- **위험 자료의 품질 평가**: 정확하고 공정한 자료를 활용하여 신뢰도 높은 정성적 위험 분석을 수행하는 것
- **위험 범주 분류**: 위험의 근본 원인과 프로젝트에서 영향을 받는 범주별로 분류하는 것
- **위험 긴급성 평가**: 위험의 등급, 영향을 주는 시간 등을 고려하여 신속하게 대응

할 수 있도록 우선순위 지표를 활용하여 평가하는 것

- 위험 평가는 발생 가능성Probability, 영향도Impact, 예상 시기Expected Timing, 발생

주기Frequency 등을 고려함

[그림 3-35 확률-영향 매트릭스 사례]   [그림 3-36 위험 평가=발생 가능성×영향도 사례]

4) 정량적 위험 분석 수행(계획 단계)

프로젝트에서 식별된 위험이 전체 프로젝트 목표에 미치는 영향을 수치로 분석하는 프로세스로, 다음의 사항을 고려한다.

- 프로젝트 완료에 잠재적이며 실질적인 영향을 미치는, 우선순위가 지정된 위험에 대해 정량적으로 분석을 수행한다.
- 정성적 위험 분석을 수행한 후 진행한다.
- 효과적인 위험 대응책을 수립하는 데는 정량적 위험 분석이 필요하지 않을 수도 있다.

■ 해야 할 일: 정량화한 위험의 우선순위별 목록을 업데이트한다.

■ 프로세스 기법
- 데이터 수집 및 표현 기법

- 인터뷰: 위험의 발생 확률 및 영향을 수치화하기 위해 이전의 경험을 활용해서 진행한다.
- 확률 분포: 모델링이나 시뮬레이션에서 사용되는 연속 확률 분포로 일정 기간 및 프로젝트 원가 등의 불확실성을 나타내는 데 사용한다.

- 정량적 위험 분석 및 모델링 기법
  - 민감도 분석Sensitivity Analysis: 어떤 위험이 프로젝트에 가장 잠재적인 영향을 주는지 결정하는 데 사용하는 것으로, 다른 위험은 고정한 상태에서 임의의 한 위험만 변경시켰을 때 프로젝트에 미치는 영향력이 어떻게 변하는지 분석하는 방법
  - 의사결정 트리 분석Decision Tree Analysis: 가능한 대안을 선택하여 고려 사항이나 가정하에 의사결정 사항을 기술하고 도식화하는 방법으로, 최적의 의사결정을 도출하기 위해 사용한다.
  - 금전적 기댓값 분석Expected Monetary Analysis: 발생할 수도 있고 발생하지 않을 수도 있는 위험에 대해 평균 결과값을 계산하는 통계적 개념으로, 일반적으로 의사결정 트리 분석과 함께 사용한다.

5) 위험 대응 계획 수립(계획 단계)

프로젝트 목표에 대한 기회는 늘리고 위협은 줄이기 위한 대안과 조치를 개발하는 프로세스로, 다음의 사항을 고려한다.

- 정성적, 정량적 위험 분석을 수행한 후 진행한다.
- 우선순위에 따라 위험을 처리해야 하며, 필요하면 프로젝트 관리 계획서에 자원 및 활동을 추가한다.

■ 해야 할 일: 식별된 위험에 대한 대응 방안을 작성한다.

- 프로세스 기법

- 부정적 위험 또는 위협 대응 전략

    - 회피Avoid: 100% 발생하지 않도록 회피하여 위험 원인 자체를 제거하는 것

    - 전가Transfer: 위험 발생 경과 및 대응 주체를 제3자에게 이관하는 것(보험 등)

    - 완화Mitigate: 위험을 수용 가능한 한계까지 완화하는 것(시스템 중복 설계 등 가장 많이 활용하는 전략임)

    - 수용Accept: 위험을 받아들이고 이에 대비한 비상 계획을 개발하는 것(아무 행동도 하지 않는 것은 수동적인 전략이고, 예비비 확보는 능동적인 전략임)

- 긍정적 위험 또는 기회 대응 전략

    - 활용Exploit: 100% 발생하도록 추구

    - 공유Share: 기회를 공유(인센티브 등)

    - 증대Enhance: 일정 수준 이상을 추구

    - 수용Accept: 위험을 그대로 받아들임

- 우발 사태에 대한 대응 전략

    - 사전에 정해진 조건에서 벗어난 경우 대응하기 위한 전략으로, 비상계획을 가동하는 것

    - 예비비를 활용한다.

    1) 관리 예비비Management Reserve: 경영 측면의 예비비

    2) 비상 예비비Contingency Reserve: 특정 사업 측면에서의 예비비

6) 위험 대응 실행(실행 단계)

위험 대응 계획에서 수립한 대로 위험에 대응한다.

- 해야 할 일: 위험에 대응한 후 그 결과에 따라 위험 관리 대장 내역을 갱신한다.

7) 위험 감시(감시 및 통제 단계)

위험 대응 계획의 실행, 식별된 위험을 추적하거나 잔존하는 위험을 감시하거나 신규 위험을 식별하기 위한 프로세스로 다음의 사항을 고려한다.

- 신규로 발생하거나 변경되는 위험을 지속적으로 감시한다.
- 위험 발생 시 평가 등급에 따라 대안 전략 선택, 우발적인 사태에 대한 대응 실행, 시정 조치 수행 등의 활동을 수행한다.

- ■ 해야 할 일: 프로젝트 변경 요청 및 시정 조치. 권장을 위한 시정 조치와 예방을 위한 시정 조치로 구분하여 실행을 요구하는 활동으로, 문서화하여 요청한다.

(3) 주요 사례 및 이슈

연구 과제를 수행하다가 핵심 인력이 이직하면서 과제가 중단되는 경우가 있다. 그러면 다년간 정부 주도의 사업에는 참여할 수 없을 뿐 아니라 집행된 예산도 회수된다. 만약 핵심 인력의 공백을 우려하여 과제 초기에 대안을 수립해두었다면 이런 일은 발생하지 않았을 것이다. 이처럼 프로젝트 착수 시점에 미리 위험을 식별하는 것이 매우 중요하다.

- 인공지능 개발 시 위험 이슈
  - 인공지능 개발의 경우 전문 인력이 중도에 퇴사하거나 이직하면 사업이 중단될 가능성이 높다.
  - 인공지능 서비스는 지속적으로 알고리즘 성능을 개선해야 하므로 이를 위해 예비비를 확보해두어야 한다.

■ 자주 발생하는 이슈 및 해결 방안

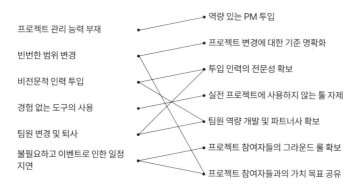

프로젝트 관리 능력 부재	역량 있는 PM 투입
빈번한 범위 변경	프로젝트 변경에 대한 기준 명확화
비전문적 인력 투입	투입 인력의 전문성 확보
경험 없는 도구의 사용	실전 프로젝트에 사용하지 않는 툴 자제
팀원 변경 및 퇴사	팀원 역량 개발 및 파트너사 확보
불필요하고 이벤트로 인한 일정 지연	프로젝트 참여자들의 그라운드 룰 확보
	프로젝트 참여자들과의 가치 목표 공유

> 위험은 프로젝트팀 보고 및 회의 시 가장 중요하게 토의되어야 할 항목으로 다음과 같은 오류를 범해서는 안 된다.
> 프로젝트에 대한 충분한 이해 없이 위험 식별을 완료한다.
> 위험 식별을 정확하게 하지 않고, 일반적인 내용으로 정의한다.
> 프로젝트 초기에 프로젝트 관리자가 프로젝트 팀원에게 위험관리 절차에 대해 교육을 진행하지 않는다.

12. 공급업체 관리

프로젝트를 수행하면서 조직 내에서 자체 수행하기 어려운 업무는 공급업체를 활용해야 한다. 이때 우수한 파트너가 항시 대기 중이라면 문제가 되지 않지만, 그렇지 않다면 해당 업무에 가장 적합한 공급업체를 선정해야 한다.

■ 인공지능 개발 시 고려 사항

일반적으로 인공지능 서비스를 개발할 때 소프트웨어 개발은 공급업체에 맡기곤 한다. 이때 제대로 소프트웨어를 구현하지 못하면 사용자가 원하는 가치를 제대로 확보할 수 없다. 이처럼 용역업체를 잘못 선정하면 프로젝트 목표 달성에 큰 문제가 될 수 있으므로 적절하게 평가해야 한다. 회사의 공급업체 선정 기준은 어떠할까? 계약할 때 어떻게 평가가 진행되는가? 가격, 신뢰도, 경험, 기술력, 재무 구조, 품질보증 능력, 인력 현황 등이 평가되고 있는지, 선정된 이후에도 모니터링 체계가 수립되어 있는지 살펴보도록 한다.

(1) 공급업체 관리 핵심 포인트 ──────────

프로젝트의 범위가 넓으면 내부에서 전부 수행하지 못하는 경우가 발생한다. 예를 들어 서버, 네트워크, 보안 등의 장비를 도입하거나, 결제 등의 외부 솔루션을 구매하거나, 기술력이 필요한 인력을 투입할 수 있다. 그러면 외부에서 조달한 용역 또는 솔루션이 계약대로 업무를 수행하고 있는지 지속적으로 파악해야 한다. 프로젝트에 적합한 최적의 업체를 선정하고 업무이 성격에 맞게 계약의 유형을 결정해서 정확하게 계약서를 작성한 후, 선정된 공급업체가 계약 사항을 제대로 이행하여 업무를 수행하는지 감시하는 것이 공급업체 관리다. 핵심은 프로젝트에 적합한 최적의 업체를 선정하고 업무 성격에 맞게 계약 유형을 결정하여 명확하게 계약서를 작성하는 것이다.

아쉽게도 대부분의 기업에서는 프로젝트에 필요한 조달 업무를 평가할 수 있는 기준이 마련되어 있지 않아서 필요한 솔루션을 구매할 때 평가도 하지 않고 공급업체를 선정하는 경우가 많다. 계약을 잘못하면 프로젝트 수행 기간 내내 어려움을 겪을 수 있으므로 공급업체 선정을 위한 평가 프로세스를 잘 정의해야 한다. 이렇게 평가 프로세스에 의해 선정된 공급업체는 프로젝트팀에서 계약 이행 내용을 지속적으로 감시하여 프로젝트 목표 달성을 효과적으로 지원할 수 있도록 한다.

그러려면 첫째, 공급업체 계약 프로세스를 확립한다. 공급업체 선정은 사전에 평가 기준을 수립하고, 이에 따라 의사결정을 하도록 한다. 둘째, 공급업체를 평가한 후 계약한다. 최적의 업체를 평가하기 위해서는 다양한 평가 항목이 적용되어야 한다. 평가 대상이 되는 업체의 가격, 신뢰도, 경험, 기술력, 재무 구조, 품질보증 능력, 생산 능력 등은 공급 기업을 평가할 수 있는 기준이며, 최종적으로 최상의 업체를 선정하여 계약하는 것이 바람직하다. 셋째, 공급업체 업무 수행 활동을 주기적으로 모니터링한다. 공급업체의 성과를 주기적으로 측정하여 감시한다.

(2) 공급업체 관리 절차

프로젝트 공급업체 관리 프로세스는 외부 공급이 필요한 자원 및 솔루션이 있다면 평가하여 공급업체를 선정하고, 계약을 기반으로 공급업체를 감시하는 프로세스다.

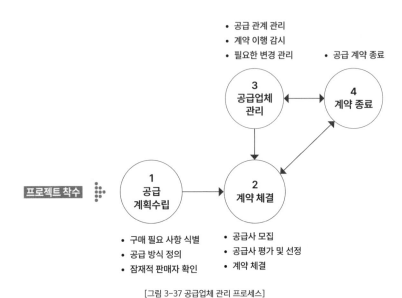

[그림 3-37 공급업체 관리 프로세스]

1) 공급 계획 수립(계획 단계)

구매가 필요한 사항과 구매 방식을 문서화하고 유력한 판매자를 식별하는 프로세스로, 다음과 같은 사항을 고려한다.

■ 해야 할 일: 공급 계획 수립. 외부 지원 여부, 지원받을 대상, 방법, 필요량, 시기 등을 결정하고, 제작 및 구매 결정에 수반되는 위험을 고려하여 위험을 완화할 수 있는 계약의 유형을 검토한다.

■ 프로세스 기법
• 제작 및 구매 분석
– 자체 제작: 유휴 자원 또는 설비가 준비되어 있고, 독점적 정보나 절차가 마련되어 있는 경우

- 구매: 판매자 기술을 활용해야 하거나, 단기간에 많은 노동력을 필요로 하는 경우

- **계약의 유형**

1. 고정가 계약Fixed Price: 계약 범위가 명확할 경우 고정 가격을 정하여 계약하는 것으로, 다음과 같은 유형이 있음

   - 확정 고정가 계약Fixed Price-Lump Sum: 계약 시 금액을 확정하는 계약으로, 공급자의 위험부담이 가장 높음

   - 성과급 추가 고정가 계약Fixed Price Incentive Fee: 계약 금액 확정 후 초과 업무 달성 시 인센티브 제공 방식

   - 조건부 고정가 계약Fixed Price with Economic Price Adjustment: 계약 금액 확정 후 물가상승이나 환율 변동에 대한 외부 환경 반영

2. 원가 정산 계약Cost Reimbursable: 계약 범위가 불명확할 경우 발생 비용을 공급 기업에 지불하는 계약으로, 다음과 같은 유형이 있음

   - 고정 수수료 추가 원가 계약Cost Plus Fixed Fee: 발생 원가에 확정 이익을 추가한 계약

   - 성과급 추가 원가 계약Cost Plus Incentive Fee: 발생 원가에 인센티브를 추가한 계약

   - 보상금 추가 원가 계약Cost Plus Percentage of Cost: 발생한 원가에 추가로 발생한 이익률을 추가한 계약으로, 수요자의 위험부담이 가장 높음

3. 혼합 계약Time&Material: 구매자가 비용을 시간 또는 사용 자재 기준으로 지불하는 계약

   - 구매자 입장에서 가장 위험부담이 큰 계약은 보상금 추가 원가 계약이고, 판매자 입장에서 가장 위험부담이 큰 계약은 확정 고정가 계약임

2) 계약 체결(실행 단계)

프로젝트에서 구매가 필요한 제품 및 솔루션에 대해 판매자를 모집하고 선정하여 계약을 체결하는 프로세스로. 다음의 활동이 중요하다.

- ■ 해야 할 일
  - 제안 요청서 작성 및 배포. 제안 요청서에는 프로젝트의 목표, 배경, 업무 범위, 평가 기준, 템플릿 등이 포함된다.
  - 제안 평가 및 계약 체결
    - 판매자가 요구 사항을 잘 이해할 수 있도록 종합적이고 구체적으로 문서로 작성하여 전달한다.
    - 판매자의 제안서를 요구 사항 문서를 토대로 상세하게 평가한 후 계약을 체결한다.

- ■ 프로세스 기법
  - 공급업체의 제안서 평가
    - 공급업체 제안 심사 체계 확립: 공급업체를 선정하기 위한 항목 중에서 계약 범위를 만족하지 못하는 항목이 있으면 선정 기업에서 제외한다. 요구 사항의 이해, 가격, 기술적 능력, 재무 능력, 프로젝트 관리 역량, 유사 프로젝트 수행 경험 등이 평가 기준에 포함될 수 있으며, 필요하다면 가중치를 부여하여 공급업체 선정 시 평가자의 편견으로 인한 오류를 최소화해야 한다.
  - 계약 협상: 계약의 구조와 요구 조건 등을 명확히 하고 상호 합의를 도출하는 것으로, 계약 범위, 일정, 가격, 책임, 권한, 적용 조건 및 법률, 대금 지급 방법 등이 포함되며, 독점적 공급자에 한하여 수의 계약으로 진행한다.
  - 대안 평가: 기존에 수립된 기준에 따라 대안을 마련하고, 평가에 의해 의사결정한다.

① 대안 평가 기준의 중요성

– 프로젝트 진행 시 발생하는 이슈를 공식적인 평가에 따라 진행할 것인지를 결정

– 외부 솔루션 평가 시 적용에 효과적임

② 대안 식별의 필요성

– 이슈를 처리하거나, 외부 솔루션 구매를 위한 공급업체 선정 시 의사결정을 원활

하게 함

③ 대안 방법의 선정

– 기술력, 가격, 기능 등

공급업체 평가 기준 사례

등급	등급 구분	평가 점수(채점 합계)
1등급 최우수 업체	A	90~100
2등급 우수 업체 B	B	80~89
3등급 보류 업체 C	C	60~79
4등급 계약 금지 업체 D	D	0~59

[표 3-6 공급업체 등급 기준표 사례]

공급업체 평가 기준					
업체명	OOO 주식회사		**평가자**	홍길동, 이순신	
평가 항목	**평가 등급**		**가중치**	**점수**	**채점**
가격	5: 매우 적절 3: 보통 1: 부적절		50	5	250
신뢰도	5: 우수 3: 보통 1: 불량		5	3	15
경험	5: 3년 이상 3: 2년 이상 1: 2년 미만		5	5	25
기술력 (자격, 특허 등)	5: 매우 우수 3: 보통 1: 불량		10	3	30
재무 구조 (부채비율, 유동비율 등)	5: 매우 우수 3: 보통 1: 불량		10	3	30
품질보증 능력	5: 매우 우수 3: 보통 1: 불량		10	3	30
생산 능력	5: 매우 우수 3: 보통 1: 불량		10	3	30
합계			100	-	420
평가 점수에 대한 점수 및 등급				84(B)	

평가 의견
- 가격과 경험 측면에서 우수하지만, 그 외 항목은 보통임

[표 3-7 공급업체 평가 기준표]

3) 공급업체 관리(감시 및 통제 단계)

계약 관계를 관리하고 공급업체 작업 이행을 감시하는 프로세스로, 필요 시 계약 내용을 변경 및 수정한다.

- ■ 해야 할 일: 공급업체 성과 관리. 계약서를 기준으로 공급업체 성과를 점검하고, 부적합한 사항이 발생하면 시정 조치를 요구한다.

- ■ 프로세스 기법
- • 조달 성과 검토: 구매자가 법적인 계약 조건에 따라 판매자의 성과가 계약서 내용을 충족하는지 검토한다.
- • 검사 및 감시: 판매자의 계약 이행 사항을 감시하여 부적합한 사항을 발견하면 시정 조치를 요구한다.

4) 계약 종료(종료 단계)

공급업체가 수행한 모든 작업과 인도물이 수용 가능한지 확인하여 계약을 종료하는 프로세스다.

- ■ 해야 할 일: 공급업체 작업 성과 검수. 계약 목표 달성 여부 확인 후 검수를 진행하고, 이상이 없으면 계약 종료

- ■ 프로세스 기법
- • 공급업체 감사: 공급업체의 업무 수행 단계별로 계약의 이행을 감시하고 부적합한 사항에 대해 조치를 취한다.
- • 협상 타결: 계약 당사자 간에 계약을 이행한 결과를 협상하여 계약을 종결한다.

(3) 주요 사례 및 이슈 ────────────────────

공급업체가 부정한 방법으로 우수한 평가를 받아 선정되었는데, 막상 업무 역량이 떨어져서 사업을 제대로 수행하지 못하기도 한다. 혹은 아는 사이라는 이유로 부적합한 공급업체를 선정하여 프로젝트 목표 달성에 문제가 생기는 경우도 있다. 그러면 기업은 금전적으로나 비용적으로 큰 손해를 입게 된다. 따라서 공급업체를 평가할 때는 반드시 업무 수행 능력을 세밀하게 살피고 확인해야 한다.

- 인공지능 개발 시 위험 이슈
  - 전문성 없는 인공지능 개발 업체를 선정하여 개발에 실패할 수 있다.
  - 계약 시 소프트웨어 개발 용역 범위를 잘못 설정하여 계약을 중단하거나 해지할 수도 있다.

■ 자주 발생하는 이슈 및 해결 방안

공급자 선정을 위한 평가 기준 마련

전문서 없는 공급업체 선정 ──── 객관적이고 공정한 공급자 선정

용역 범위 등 잘못된 계약 ──── 제안 요청서에 정확하게 구체적인 요구 사항 제공

공급업체의 업무 수행 역량 미흡 ──── 대안 수립 및 대안 평가 프로세스 마련

지속적인 업무 수행 현황 모니터링

> 1. 공급업체 관리를 위해서는 정확한 계약서를 작성하는 것이 중요하다. 따라서 공급업체가 계약의 내용을 잘 이해하고 제대로 된 제안서를 제출할 수 있도록, 명확하고 구체적으로 요구 사항을 제공한다.
> 2. 공급자 선정을 위한 평가 기준은 사전에 마련되어야 하며, 제안 평가는 객관적이고 공정하게 진행하여 최적의 공급자를 선정한다.
> 3. 프로젝트팀은 공급업체가 제대로 업무를 수행하고 있는지, 법적 계약 조건을 잘 따르고 있는지 지속적으로 파악한다.

프로젝트 계획은
목표에 맞춰
수립하라

프로젝트 계획 수립 단계에서는 프로젝트 목표 달성을 위해 필요한
프로세스 영역의 세부적인 계획을 수립하는 것이다. 프로젝트
범위, 일정, 원가 관리를 중심으로 자원, 품질, 의사소통, 위험 관리
계획을 수립하여 프로젝트 수행을 위한 기준을 정의한다.
특히 인공지능 개발 프로젝트의 경우, 기존의 소프트웨어 개발
프로세스와 달리 데이터 수집, 알고리즘 성능도 확보해야 하기
때문에 이에 대한 계획을 더욱 세부적으로 수립한다.
데이터 수집의 경우 유효성을 확보하기 위해 얼마나 많은 데이터를
확보해서 학습시킬 것인지에 대한 내용이 계획서에 포함되어야
하며, 알고리즘 성능의 정확도도 정량적 목표로 제시해야 한다.
이 장에서는 프로젝트 계획 수립 절차를 제시하고자 한다.

1. 프로젝트 계획 수립 절차

사업을 수주해서 프로젝트에 착수하면 제일 먼저 해야 할 일이 프로젝트 계획을 수립하는 것이다. 프로젝트팀이 꾸려지면 PM이 중심이 되어 프로젝트 계획서를 작성한다. 그런데 사업 수주를 위한 제안서 작성에는 노력을 들이면서도 프로젝트 계획서는 소홀히 작성하는 경우를 많이 보았다. 그러나 프로젝트 계획서를 등한시하면 프로젝트를 수행하면서 더 많은 노력을 들여야 할 수도 있다.

기존에 진행했던 프로젝트 계획서와 비슷하게 작성하면 변경 절차가 늘어나는 것은 자명하다. 그러므로 프로젝트 계획 수립에 필요한 데이터는 어떻게 확보하고, 프로젝트 계획서는 어떻게 체계적으로 작성할 수 있는지 방법을 제시하고자 한다.

프로젝트 계획을 수립하기 위해서는 계획 수립 데이터를 확보하고, 프로젝트 계획서를 작성한 후, 프로젝트 계획서에 대해 합의 및 승인을 얻는 절차를 밟는다.

(1) 계획 수립 데이터 확보

프로젝트 계획을 수립하려면 데이터를 확보해야 하는데, 우선 필요한 것이 프로젝트 목표다. 대부분 아직 명확하지 않은 최종 서비스만 생각하는데, 그러면 목표를 달성하는 데 혼란을 겪는다. 그러므로 프로젝트 계획 단계에서 최종 서비스에 대한 그림을 그리는 것이 중요하다. 따라서 계획을 수립하기 위한 데이터를 다음과 같이 확보한다.

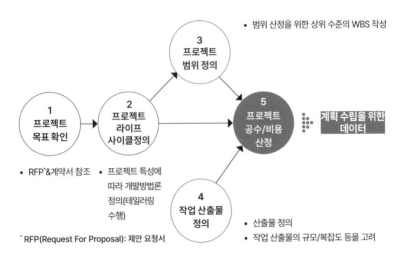

[그림 4-1 프로젝트 계획 수립을 위한 데이터 확보 절차]

① **프로젝트 목표 확인:** 제안 요청서와 계약서를 기반으로 범위 정의한다.

② **프로젝트 라이프사이클 정의:** 프로젝트마다 범위, 기간, 예산이 정해져 있으므로 이를 기반으로 개발 방법론을 정의한다.

③ **프로젝트 범위 정의:** 프로젝트 상세 범위를 산정하기 위한 상위 수준의 WBS를 작성한다.

④ **작업 산출물 정의:** 프로젝트 수행 활동 시 얻어지는 결과물을 정의한다. 이때 작업 산출물의 규모, 복잡성 등을 고려한다.

⑤ **프로젝트 공수/비용 산정:** WBS와 작업 산출물을 기반으로 산정된 공수 및 비용을 산정하고 확인한다.

(2) 프로젝트 계획서 작성

프로젝트 계획을 수립하기 위한 데이터를 확보하고 프로젝트 특성에 맞는 프로세스별 계획서를 작성하여 제약 조건을 문서화한 것으로, 다음과 같은 프로세스를 포함한다.

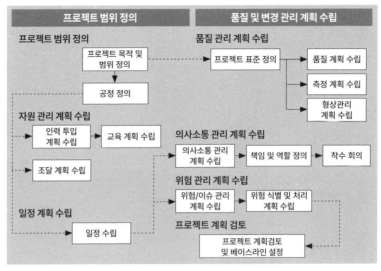

[그림 4-2 프로젝트 계획 수립 절차]

1) 프로젝트 개요

프로젝트 목적, 구축 전략 등을 작성하고, 프로젝트 수행의 제약 요소들을 정의한다.

- **프로젝트 목적**: 프로젝트 수행 근거 및 목적을 작성하고, 수행 결과에 대한 기대 효과를 제시한다.
- **구축 전략**: 프로젝트의 성공적인 목표 달성을 위해 필요한 요소 등을 정의하고, 이를 어떻게 프로젝트에 적용할 것인지 방향성을 제시한다.
- **수행 조직**: 프로젝트 수행 조직 구성도와 참여자별 역할을 정의한다.
- **제약 사항**: 프로젝트의 주요 제약 사항 및 위험 요인 등을 정의하고, 이를 어떻게 관

리할 것인지 제시한다.

- **보안 방안**: 개인정보 등 프로젝트에서 생성되거나 유출되면 안 되는 자료에 대한 관리 방안을 제시한다.

2) 범위 관리 계획

고객의 요구 사항을 정의하고 개발하기 위한 범위 관리 계획을 정의하고, 변경 관리 프로세스를 제시한다.

- **사업 범위 정의**: 데이터 구축, 알고리즘 개발, 시스템 구성, 응용 소프트웨어 개발 등 수행해야 하는 사업의 범위를 정의한다.
- **요구 사항 개발**: 사용자의 요구 사항 개발 절차에 대해 정의하고, 이를 검증하기 위한 방안을 제시한다.
- **요구 사항 관리**: 요구 사항 추적성 확보, 변경의 관리 등 사용자 만족을 위한 방안을 제시한다.

3) 일정 관리 계획

프로젝트의 마일스톤, 세부 일정을 정의하고, 정해진 납기에 목표를 달성하기 위한 일정 관리 계획을 제시한다.

- **마일스톤 정의**: 프로젝트 단계별 주요 이벤트에 대한 마일스톤을 정의한다.
- **일정 관리 방안**: 고객 납기 준수를 위한 진척도 관리 기준을 정의하고, 계획 대비 실적 편차 발생 시 개선 조치를 위한 일정 관리 절차를 제시한다.

4) 품질 관리 계획

프로젝트 목표에 대한 고객 만족도를 보증을 위해 프로젝트에서 수행할 품질 관리 활동을 제시한다.

- **품질 목표 정의**: 프로젝트의 정성적, 정량적 품질 목표를 정의한다. 알고리즘 성능, 응용 시스템 성능 등 정량적 목표 제시
- **품질 관리 활동 정의**: 품질 목표 달성을 위해 프로젝트에서 준수해야 하는 프로세스 와 산출물의 검증 및 관리(문서 관리 등) 기준으로 품질보증 활동을 제시한다.
- **품질보증 활동의 조직 구성**: 품질보증 활동을 수행할 조직 및 역할에 대해 정의한 다.

5) 자원 관리 계획

프로젝트에 투입되는 인력과 조직에 대한 관리 계획을 수립한다.

- **인력 관리 계획**: 프로젝트에 투입할 인원을 정의하고, 투입 인력에 대한 관리 방안 을 제시한다.
- **역할 및 책임 정의**: 프로젝트의 팀별 상세 조직 구성과 투입되는 인력에 대한 역할 및 책임에 대해 정의한다.
- **근태 관리 방안**: 프로젝트 근무 시간 및 휴가 규정에 대해 제시한다.
- **공급업체 관리 방안**: 프로젝트 외부에서 조달하는 제품 및 서비스에 대한 공급업체 선정 기준 및 관리 방안을 제시한다.

6) 의사소통 계획

프로젝트 전반에 걸쳐 주요 의사소통 채널을 정의하고, 프로젝트에 참여하는

식별된 이해관계자에게 성과를 공유하기 위한 방안을 제시한다.

- **의사소통 채널 정의:** 프로젝트에 참여하고 있는 개인과 조직이 서로 정보를 주고받기 위한 의사소통 항목을 정의하고, 형태 및 주기 등을 제시한다.
- **회의체 정의:** 사용자와 사업 수행사가 프로젝트 진행 현황 공유와 이슈를 논의하기 위한 회의체(TFT 회의, 이슈 회의, 수시 회의 등)를 정의한다.
- **보고체 정의:** 사업의 성과 및 계획 대비 편차 발생 시 이를 조치하기 위한 보고체(주간, 월간, 착수, 중간, 종료 보고 등)을 정의한다.

7) 위험 관리 계획

프로젝트에서 발생 가능한 잠재적인 위협 요소를 정의 및 분류하고, 이에 대한 관리 및 조치 방안을 제시한다.

- **프로젝트 위험 정의:** 프로젝트 범위, 일정을 기준으로 발생 가능한 위험을 식별하여 정의한다.
- **위험 관리 절차 정의:** 위험의 식별에서 처리까지 프로세스를 정의하고 위험 관리 방안을 제시한다.
- **위험 관리 조직 구성:** 위험 식별 및 발생 시 대응을 위한 조직과 역할에 대해 제시한다.

(3) 프로젝트 계획서 합의, 승인 ——————————

프로젝트 계획서 작성이 완료되면 프로젝트에 참여하는 이해관계자(프로젝트 팀, 사용자, 투자자 등)과 프로젝트 계획에 대해 검토를 수행하고, 최종 합의를 통해 승인받는다. 이때 반드시 사용자에게 프로젝트 범위를 설명하고 인수 기준에 대한 기준선을 잡아야 한다. 프로젝트 초기에 인수 기준을 명확히 하면 프로젝트의 성공 확률을 높일 수 있을 뿐 아니라, 변경이 발생해도 인수 기준을 토대로 영향도 분석을 수행하여 범위, 일정, 비용에 대한 재산정이 필요한 경우에도 효과적으로 진행할 수 있다.

> 프로젝트 계획서는 고객과 충분히 검토하고, 수립한 프로젝트 범위, 일정에 대해 반드시 합의해야 한다. 프로젝트 계획에 대한 충분한 검토가 이루어지지 않으면 프로젝트를 진행하면서 계획에 대한 변경이 빈번하게 발생하고, 이로 인한 시간적인 소모가 늘어나기 때문에 비효율적인 업무가 증가할 수 있다.

소프트웨어 개발은 사용자를 위한 것

데이터 구축과 알고리즘 개발이 완료되어 성능이 확보되면,
사용자에게 서비스를 제공하기 위한 소프트웨어를 개발해야 한다.
소프트웨어 개발은 프로젝트 계획서의 내용을 이행하고 진행 상황을
관리하는 것으로, 모든 이해관계자의 기대 수준(요구 사항)에 맞춰
활동을 실행하고 이슈가 발생하면 신속하게 처리해야 한다.
방법론에 따라 일부 활동은 생략할 수도 있다.

1. 소프트웨어 개발 핵심 포인트

소프트웨어 개발은 고객의 요구 사항을 만족시키기 위해 필요한 기능을 가시적으로 구현하는 것이다. 프로젝트팀은 계획 단계에서 정의한 활동을 적극적으로 수행하여 정해진 일정에 해야 하는 일을 완수해야 한다. 이 과정에서 발생하는 이슈, 변경, 결함 등은 신속한 의사결정을 통해 빠르게 처리해야 하는데, 일반적으로 성공적인 프로젝트는 의사결정이 빠르다. 프로젝트의 납기 준수는 신속한 의사결정에 달려 있다고 해도 과언이 아니다. 필자는 요구 사항 미확정, 특정 장비 입고의 지연 또는 솔루션 구매 지연 등 신속하게 의사결정을 하지 못해서 프로젝트가 지연되는 경우를 여러 번 경험한 바 있다. 결재 등의 프로세스 문제일 경우도 있고, 원하는 사양이 변경되어서 의사결정이 지연된 적도 있다. 체계화된 의사결정 지원 체계가 마련되어 있거나 경영진 또는 프로젝트 관리자가 전문적인 식견을 갖추고 있다면, 이에 대비하여 신속하게 문제를 처리할 수 있었을 것이다. 프로젝트의 의사결정 지연은 프로젝트에 문제를 일으키는 경우가 많다. 의사결정이 미뤄지는 만큼 납기와 손익에도 영향을 미친다. 《하드골》의 저자 마크 머피는 "내일부터'라는 말은 '절대 안 할 거야'라는 말과 같다"고 했다. 미루는 습관은 불안정한 상태를 이끌기 때문에 어려움을 발생시킨다는 뜻이다.

우선 의사결정을 신속하게 하기 위해서는 체계를 갖춰야 한다. 이러한 체계를 갖추기 위해서는 프로젝트 참여자 모두 하나의 비전, 즉 목표를 세우고 목표 달성을 위해 역할과 계획을 수립해야 한다. 아울러 의사결정권자는 전문적인 식견과 의사결정 지원 역량을 갖추고 공동의 이익을 극대할 수 있는 협상 전략을 마련해야 한다. 이를 기준으로 신속하게 의사결정을 내리고 프로젝트팀은 그 결정을 이행함으로써 불필요한 시간을 줄일 수 있다. 이행 결과에 대한 성과를 측정하고 피드백을 통해 지속적으로 의사결정을 개선해가면 판단 오류를 줄일 수 있다. 프로젝트 초기에 명확하게 목표가 제시되고 분명하게 계획이 수립되어 있다면 의사결정을 지원하는 데 많은 도움이 된다. 의사결정을 위한 환경이 잘 갖춰져 있다면 프로젝트팀은 사용자를 좀 더 효율적으로 설득할 수 있다.

둘째, 의사결정 체계를 기반으로 신속하게 판단을 내린다. 신속함은 납기 준수를 위한 가장 큰 무기다. 프로젝트 성공에 필요한 활동은 바로 처리하고, 해가 되는 활동은 과감하게 중단한다.

셋째, 의사결정 사항을 이행한다. 프로젝트팀은 부과된 책임을 다하고, 경영자와 프로젝트 관리자의 의사결정 사항을 이행하고 그 성과를 측정하여 피드백이 이루어지게 해야 한다. 이러한 피드백은 문제를 개선하는 데 활용하여 프로젝트의 가치를 높이도록 한다.

의사결정이 늦어지면 더 큰 문제를 야기할 수 있기 때문에 프로젝트 초기에 의사결정 지원 체계를 마련하고 이에 따라 신속하게 프로젝트 이슈를 처리한다면, 프로젝트 목표 달성과 납기 준수에 큰 도움이 될 것이다.

2. 소프트웨어 개발 프로세스

소프트웨어 개발은 계획 단계에서 정의한 WBS를 기반으로 요구 사항을 개발하는 단계로, 고객의 요구 사항을 만족시키는 데 초점을 맞춰야 한다. 그러려면 단계적인 품질보증 활동을 수행하여 객관적인 품질을 확보하고, 그 과정에서 발생하는 결함 등은 시정 조치 활동을 통해 지속적으로 개선한다. 또한 프로젝트에 변경 사항이 발생하면 변경 관리 절차를 준수하여 승인된 변경만 수행해야 한다.

(1) 프로젝트 일정 계획 기반의 요구 사항 개발

앞에서 프로젝트 특성에 맞춰 개발 공정을 정의하고, 이를 기준으로 요구 사항 개발을 위한 프로젝트 일정을 수립했다. 프로젝트 수행은 WBS에 기반한 일정표에 따라 상세하게 실행하는 것이다.

프로젝트 실행 프로세스를 3장에서 설명한 방법론을 기초로 하여 대표적인 개발 절차(요구 사항 분석, 설계, 개발, 테스트, 이행)에 따라 설명할 것이다.

구분	SW 요구분석	SW 설계	SW 구현	SW 시험	완료
		Release #1 / Release #2 / … / Release #N			
Activity		화면설계 〉데이터설계 〉코딩 〉단위시험			
PM		SW 개발 진척도/위험/이슈 관리			
SW 개발자	요구사항분석 개발계획수립	화면설계 / 데이터설계	코딩	단위시험	개발완료
			요구사항 추적	요구사항 추적 / 요구사항 추적	
테스트 담당자	테스트 계획수립	테스트설계 (테스트시나리오, 케이스 작성)			
품질보증 담당자	품질보증 계획수립	품질감사	품질감사	품질감사	

형상관리 담당자	형상항목 식별	베이스라인 설정/변경관리/릴리즈관리	

[그림 5-1 개발 공정도 사례]

		Release #1	Release #1	...	Release #1	VAR
	SW 요구분석	SW 설계	SW 구현		SW 시험	완료
Activity		화면설계 〉 데이터설계 〉 코딩 〉 단위시험				
PM	• SW 시스템 범위 및 • 구조파악 • 기능/비기능/ Interface 요구사항 정의	• SW 개발 진척도, 위험, 이슈 관리 등 프로젝트 총괄 관리, Milestone 검토				
		• SW 설계 검토 및 결함 수정 조치	• SW 코딩 및 단위시험 • 검토			
SW 개발자	• 개발계획 수립 - 개발일정, 투입자원, 의사소통, 위험관리 등	• SW 설계 수행 • SW 설계 결함 수정 • SW 요구사항 추적	• SW 코딩 • SW 단위테스트 실시 • SW 요구사항 추적	• SW 통합시험 실시 • SW 통합시험 결과 결함 조치		SW 개발 완료보고서
테스트 담당자	• SW 테스트 계획수립 - 테스트 항목, 일정, 인수기준 등	• SW 테스트 설계 - 테스트항목/방법 정의 - 테스트케이스 작성	• SW 단위테스트 결과 • 확인/결함조치			
품질보증 담당자	• SW 품질보증 계획수립 - 품질감사 수행기준, 일정 등	• SW 설계 단계 말 품질 • 감사 수행 • 부적합사항 조치	• SW 구현 단계 말 품질 • 감사 수행 • 부적합사항 조치	• SW 시험 단계 말 품질 • 감사 수행 • 부적합사항 조치		
형상관리 담당자	• 형상관리 계획수립 • 형상항목식별, 형상관리 저장소 구축 등	• SW 설계 단계 베이스라인 설정 • 변경관리	• SW 구현 단계 베이스라인 설정 • 변경관리	• SW 시험 단계 베이스라인 설정 • 변경관리/릴리즈관리		
산출물	• SW 요구사항 명세서 • SW 개발계획 • SW 테스트계획서	• SW 설계서 - 화면설계서 • SW 테스트 케이스	• SW 소스코드 • SW 테스트 케이스 (결과)	• SW 통합시험결과서		SW 개발완 료보고서

[그림 5-2 개발 공정에 따라 개발팀 내 역할과 책임 사례]

WBS 일정표는 대표적인 개발 방법론을 기초로 하여 활동을 정의한 것으로,
프로젝트 실행 과제는 다음과 같다.

1) 요구 사항 분석

고객이 사용하고 있는 현행 시스템을 기준으로 업무 절차와 기능을 분석하고, 신규 시스템에 적용하기 위해 현행 업무를 이해한다. 인공지능 개발의 경우에는 피처에 대한 입력값을 알고리즘을 통해 결과를 확인하는 것으로, 요구 사항을 기반으로 소프트웨어 개발 목표를 명확하게 정의하는 것이 중요하다.

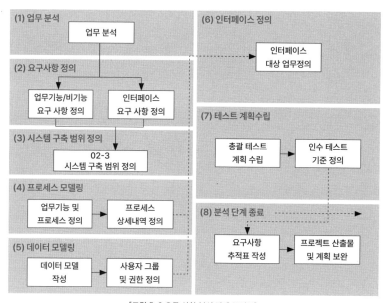

[그림 5-3 요구 사항 분석 단계 공정도]

① 업무 분석

고객의 업무 절차와 기능을 분석하고, 신규 시스템에 적용하기 위해 현행 업무를 이해한다.

■ 해야 할 일
• 업무 분석서 작성

- **활동 목록 작성**: 프로젝트 수행에 필요한 모든 활동을 열거한 목록 작성

  – 프로젝트 범위에 해당하는 상세 업무 정의

  – 업무 수행 내용 파악 및 흐름도 정의

  – 현행 업무에 대한 문제점 분석 및 개선 방안 수립

② 요구 사항 정의

신규 시스템에 대해 사용자와 제안 요청서, 계약서, 인터뷰 등을 통해서 기능, 비기능, 인터페이스 요구 사항을 정의한다.

- ■ **해야 할 일**: 요구 사항 정의서 작성. 제안 요청서, 계약서, 인터뷰 등을 통해 업무 기능 요구 사항, 성능, 보안, 품질 등 비기능 요구 사항, 타 시스템과의 인터페이스 관련 요구 사항을 정의한다.

요구 사항 정의	요구 사항ID	REQ-OO-001
	요구 사항명	데이터 수집
	요구 사항 설명	OOO 데이터 00건, OOO 데이터 00건으로 총 00건의 데이터를 수집하여 학습 AI 모델을 개발함
	구축 방안	총 00건의 데이터를 수집하여 AI 학습데이터를 평가하고, 개발함 • (가나다)병원: OOO데이터 00건 • (ABC)병원: OOO데이터 00건
	수용 여부	수용
	요구 사항 출처	사업계획서 00P
	유형	기능
	일자	2021.00.00
	비고	

	검사 방법 (확인가능산출물)	• 데이터 수집 현황 결과서 • 주간 보고서 • 월간 보고서
추 적 표	검사 기준	• (가나다)병원 00건 데이터 수집 여부 • (ABC)병원 00건 데이터 수집 여부 • 총 00건 데이터 수집 여부
	결과	

[그림 5-4 요구 사항 정의서 작성 사례]

※ 요구 사항 정의서는 요구 사항의 반영 여부를 효율적으로 파악하기 위해 추적표를 포함한다.

③ 시스템 구축 범위 정의

고객과 협의한 요구 사항 정의서를 기반으로 시스템 전체 구축 범위를 검토하고 확정한다.

■ 해야 할 일: 요구 사항을 검토 및 협의하고, 고객과 합의하여 요구 사항을 확정한 후 범위 기술서를 작성한다.

④ 프로세스 모델링

시스템 구축 대상이 되는 업무 범위를 단위 프로세스까지 분할하고, 이에 대한 처리 절차를 정의한다.

■ 해야 할 일: 메뉴 구조도, 기능 분해도, 프로세스 정의서 작성
- 시스템 전체 구축 범위를 단위 시스템으로 분류하고, 요구 사항을 기반으로 업무 기능을 계층적으로 분할한다.
- 각 기능별로 단위 프로세스까지 분해하는 기능 분해도를 작성한다.

- 기능 분해도의 최하위 단위의 프로세스를 정의한다.

- 단위 프로세스 수행을 위한 입력, 출력 정보 등 프로세스 처리 절차를 정의
  한다.

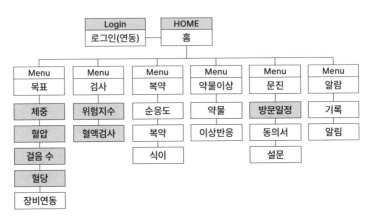

[그림 5-5 메뉴 구조도 사례]

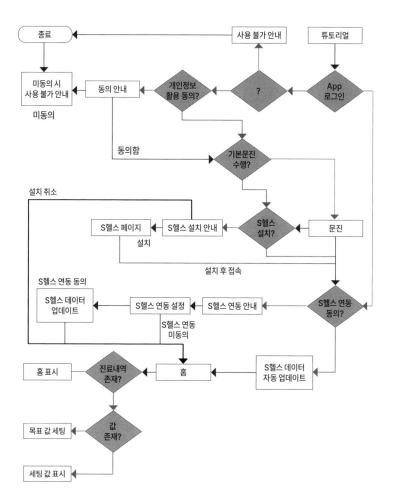

[그림 5-6 프로세스 정의서 작성 사례]

⑤ 데이터 모델링

구축될 시스템에서 데이터 간의 관계를 표시하고, 시스템에 대한 접근 권한
기준을 수립한다.

- **해야 할 일: ERD** Entity-Relationship Diagram, **사용자 권한 정의서 작성**

- 기능별 구성 요소를 도출하고 ERD를 작성한다.

- 구성 요소의 속성을 정의하고 논리 데이터 모델을 통합한다.

- 구축될 시스템의 사용자 그룹을 정의한다.

- 식별된 사용자 그룹의 시스템 접근 권한을 정의한다.

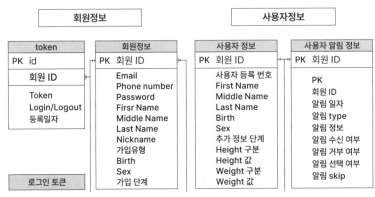

[그림 5-7 ERD 사례]

⑥ 인터페이스 정의

인터페이스 요구 사항을 기반으로 내·외부 시스템을 파악하고, 송·수신건별로 인터페이스 상세 내역을 정의한다.

- **해야 할 일: 인터페이스 정의서 작성**

- 구축될 시스템의 내·외부 시스템과의 인터페이스 대상 시스템을 식별한다.

- 인터페이스 대상이 되는 송·수신 시스템 내의 세부 기능 영역을 파악한 후 접속 방식, 데이터 사양, 인터페이스 주기 등을 정의한다.

- 인터페이스 대상이 되는 송·수신 시스템의 개발 언어, 환경 정보, 프로토콜

정보 등을 정의한다.

인터페이스 정의서				
업무명		**작성일**		**작성자**
내/외부 구분	외부			
인터페이스명	신용카드 승인정보 전송			
송신	Van사			
수신	원무			
설명	신용카드 승인/취소 요청 및 응답 인터페이스			
연계 방법	Van사 제공 DLL			
처리 결과				
인터페이스주기	수시 ▼			
비고				

수시
일단위
월단위

[그림 5-8 인터페이스 정의서 작성 사례]

⑦ **테스트 계획 수립**

요구 사항 검증 및 확인을 위해 단계적인 테스트 계획(단위, 통합, 시스템, 인수 등)을 수립하고, 고객이 직접 요구 사항 개발 내용을 확인하기 위한 인수 테스트 기준을 수립한다.

■ **해야 할 일: 테스트 계획서 작성**
- 테스트별 수행 목적과 범위를 정의한다.
- 프로젝트 일정을 고려한 테스트별 일정, 수행 조직 등을 정의한다.
- 인수테스트 수행 및 승인 기준을 수립한다.

⑧ **요구 사항 분석 단계 점검 및 종료**

요구 사항 분석 단계의 주요 산출물을 점검하고, 필요하다면 시정 조치를 수행한다.

- ■ **해야 할 일: 요구 사항 추적표 작성 및 산출물 검토**
- 요구 사항 정의서를 기준으로 요구 사항 추적표를 작성한다.
- 프로젝트 품질 담당자(지정되지 않았을 경우에는 PM)가 프로젝트 활동이 프로젝트 표준에 적합하게 진행되었는지 확인하고, 부적합한 사항을 발견하면 시정 조치를 요구한다.
- 필요 시 시정 조치를 수행하고 프로젝트 계획을 비롯한 산출물을 업데이트한다.

2) 설계

정의된 요구 사항을 어떻게 시스템으로 구축할 것인지 구성 요소별로 설계하고, 구체적인 테스트를 도출하는 단계다. 인공지능 서비스의 경우 개인정보 탈취 등 보안 위협이 늘면서 안전한 인공지능 활용을 위한 'AI를 위한 보안'을 필요로 하고 있다. 특히 사전에 보안과 프라이버시를 고려하는 디자인 단계부터의 보안 Security by Design과 디자인 단계부터의 프라이버시 Privacy by Design에 대한 요구가 갈수록 늘고 있어서 설계 단계에서 이를 고려하여 반영하는 것이 중요하다.

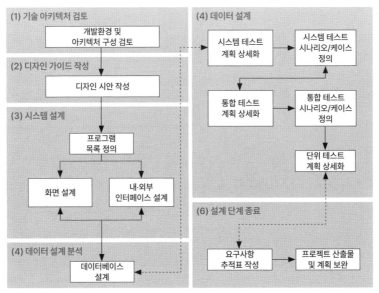

[그림 5-9 설계 단계 공정도]

① 기술 아키텍처 검토

시스템 전체 구조와 소프트웨어 구조를 확인하여 업무 요구 사항을 반영한
아키텍처를 검토하고, 개발을 위한 하드웨어와 소프트웨어가 준비되었는지
확인한다.

■ 해야 할 일: 아키텍처 및 개발 환경 정의서 작성
- 구축될 시스템의 하드웨어와 소프트웨어 구조를 확인하고 인공지능 보안을
  고려한 아키텍처 정의
- 개발을 위한 도구, 하드웨어, 소프트웨어 등 개발 환경 정의

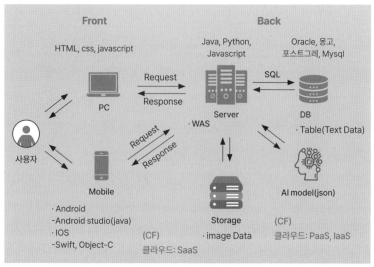

[그림 5-10 아키텍처 정의 예시]

② 디자인 가이드 작성

서비스에 적용할 이미지를 구체화 및 시각화하여 고객과 협의 및 승인 후 디자인 가이드를 작성한다.

- **해야 할 일: 디자인 가이드 작성**
- 디자인 제작 범위를 확정하고, 각 페이지별 디자인 시안을 작성한다.
- 제작된 디자인 시안을 고객과 협의하여 확정한다.

③ 시스템 설계

정의된 개발 범위에 기준으로 프로그램 목록을 정의하고, 각각의 프로그램에 대한 화면을 설계한다.

- 해야 할 일: 프로그램 목록, 화면 설계서, 인터페이스 설계서 작성
- 구축될 시스템을 모듈 단위로 분할하여 응용프로그램 구조를 정의한다.
- 응용프로그램 구조를 바탕으로 화면 단위의 프로그램 목록을 도출한다.
- 사용자와 응용프로그램 간의 상호작용을 위한 UI 화면을 도출하고 레이아웃을 정의한다.
- 내·외부 시스템 간 인터페이스 관련 데이터 및 프로세스를 구체화한다.

④ 데이터베이스 설계

시스템에서 구현하고자 하는 DBMS Data Base Management System에 부합하도록 물리적인 구조 조정 등 테이블 튜닝 작업을 통해 데이터베이스 테이블 구조로 전환한다.

- 해야 할 일: 테이블 목록, 테이블 정의서 작성
- 데이터 코드 체계를 설계하고, 코드 값을 정리하여 코드집을 작성하고 공통, 구분, 기타 코드 등으로 구분하여 확정한다.
- 구성 요소는 테이블로, 구성 요소 속성은 컬럼으로 전환한다.
- 기본 키 업무 규칙과 테이블 간 업무 규칙을 기술한다.
- 테이블의 컬럼 값이 변경되었을 때 무결성 유지를 위한 컬럼 규칙을 정의한다.
- 데이터 액세스 성능을 고려하여 인덱스 키를 부여하고, 테이블 간 연관관계(외부 키)를 고려하여 데이터 액세스 패스를 검토한다.

⑤ 테스트 설계

요구 사항 검증을 위해 프로젝트에서 수행할 테스트를 도출한다.

- ■ 해야 할 일: 시스템 테스트 케이스, 통합 테스트 케이스, 단위 테스트 케이스 작성
- - 시스템 테스트 계획 상세화 및 테스트 케이스 도출: 성능, 볼륨, 과부하, 보안, 설치 등 시스템 관련 테스트 수행 절차와 케이스 작성
- - 통합 테스트 계획 상세화 및 테스트 케이스 도출
- - 통합 테스트 대상 범위 및 테스트 유형 정의: 기능 및 비기능 테스트 케이스 작성
- - 단위 테스트 수행 절차, 일정, 케이스 식별 및 작성

⑥ **설계 단계 점검 및 종료**

설계 단계의 주요 산출물을 점검하고, 필요하면 시정 조치를 수행한다.

- ■ **해야 할 일: 요구 사항 추적표 작성 및 산출물 검토**
- - 요구 사항 정의서를 기준으로 요구 사항 추적표를 작성한다.
- - 프로젝트 품질 담당자(지정되지 않았을 경우 PM)가 프로젝트 활동이 프로젝트 표준에 적합하게 진행되었는지 확인하고 부적합한 사항을 발견하면 시정 조치를 요구한다.
- - 필요 시 시정 조치를 수행하고 프로젝트 계획을 비롯한 산출물을 업데이트한다.

3) 개발

설계서를 기반으로 프로그램을 코드로 전환하는 작업을 수행하고, 인공지능 알고리즘과 연계하여 단위 테스트를 실시한다.

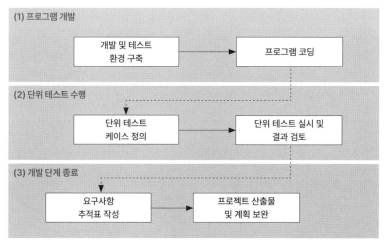

[그림 5-11 개발 단계 공정도]

① 프로그램 개발

개발에 필요한 하드웨어와 소프트웨어 등을 설치하여 응용프로그램 개발 및 테스트 환경을 구축하고, 설계 단계에서 작성된 프로그램 사양을 기반으로 실행 가능한 소스 코드를 작성한다.

- **해야 할 일: 데이터베이스 생성 및 소스 코드 작성**
- 개발 환경 정의서에 기술된 개발 및 테스트 환경대로 준비된 하드웨어와 소프트웨어를 설치한다.
- 개발 데이터베이스를 생성한 후 프로그램을 코딩하고, 코딩 표준에 따라 소스 코드를 정리한다.(주석 처리 등)

② 단위 테스트 수행

단위 프로그램이 정상적인 기능을 수행하는지 확인하기 위해 단위 테스트 케이스를 기반으로 단위 테스트를 수행한다.

■ **해야 할 일: 단위 테스트 결과서 작성**

- 단위 테스트 케이스에 따라 테스트를 수행한다.

- 기대 결과와 비교하여 정상 여부를 확인하고 기록한다.

- 결함을 발견하면 재테스트 등을 수행하고 정상적으로 종료될 때까지 관리한다.

단위 테스트 케이스			
TestCase ID	UT 001	UT 002	
업무명	로그인	로그인	
기능	페이지 접속	아이디 입력	
테스트 내용	브라우저를 실행하고 페이지에 접속	아이디 입력 및 실행	
기대 결과	로그인 페이지에 접속됨	입력한 아이디가 표시되고, 실행됨	
실행 결과	1차	○	×	
	2차		○	

[표 5-1 단위 테스트 케이스 사례]

③ **개발 단계 점검 및 종료**

개발 단계의 주요 산출물을 점검하고, 필요하다면 시정 조치를 수행한다.

• **요구 사항 추적표 작성 및 산출물 검토**

- 요구 사항 정의서를 기준으로 요구 사항 추적표를 작성한다.

- 프로젝트 품질 담당자(지정되지 않았을 경우 PM)가 프로젝트 활동이 프로젝트 표준에 적합하게 진행되었는지 확인하고 부적합한 사항을 발견하면 시정 조치를 요구한다.

- 필요 시 시정 조치를 수행하고 프로젝트 계획을 비롯한 산출물을 업데이트한다.

4) 테스트

프로그램 간에 상호 기능 및 인터페이스가 정상적으로 작동하는지 여부를 점검하고, 성능 목표 달성 여부를 시스템 테스트를 통해 확인한다.

① 통합 테스트 수행

통합 테스트 케이스를 검토 및 보완하고 테스트 순서에 따라 테스트를 수행한다.

- ■ 해야 할 일: 통합 테스트 결과서 작성
- 개별 프로그램 코드를 시스템 단위로 빌드 통합 수행
- 통합 테스트 케이스 검토 및 보완
- 테스트 데이터 및 데이터베이스 점검
- 통합 테스트 수행 및 결과 평가
- 결함 발견 시 테스트 종료 기준에 부합할 때까지 재테스트 수행

인터페이스 정의서						
업무명	회원가입	시험일	2021.00.00	시험자	홍길동	

TestCase ID	TC_Log_001
테스트 기능	회원가입이 원활하게 진행되는지 확인

시험 절차				
No	시험 내용	기대 결과	실제 결과	결과 확인
1	앱 정상 구동	앱이 정상 구동된다.		
2	메인화면에서 회원가입 버튼 선택	회원가입 화면으로 이동한다.		
3	기본 정보 입력(ID, PW, PW 확인, 이름, 휴대폰 번호)	기본 정보가 정상적으로 입력된다.		
4	아이디 중복 확인	아이디 중복 확인이 정상적으로 진행된다.		
5	휴대폰 인증 확인	휴대폰 인증번호 확인이 정상적으로 진행된다.		
6	회원가입 완료 버튼 선택	회원가입이 성공적으로 진행된다.		

[표 5-2 통합 테스트 케이스 사례]

② **시스템 테스트 수행**

시스템 테스트 케이스를 검토 및 보완하고, 성능 목표치에 부합하는지 테스트를 수행한다.

■ **해야 할 일: 시스템 테스트 결과서 작성**

- 시스템 테스트 케이스 검토 및 보완

- 테스트 데이터 및 데이터베이스 점검

- 시스템 테스트 수행 및 결과 평가

- 결함 발견 시 테스트 종료 기준에 부합할 때까지 재테스트 수행

5) 테스트 기법 설명

① 테스트 목적

개발이 완료된 소프트웨어가 요구 사항을 기반으로 제대로 개발되었는지 보증하기 위한 활동

테스트 케이스 작성	예상 결과 작성	테스트 케이스 검토
각 테스트별 요구 사항을 기반으로 입력 조건을 설정하여 테스트 케이스를 도출하여 작성	테스트 시나리오를 만족시키는 예상 결과를 케이스별로 작성	예상 결과 작성 후 테스트 케이스 체크리스트를 활용하여 테스트 케이스의 정확성 검토

[표 5-3 테스트 케이스 작성 절차]

② 테스트 수행 절차

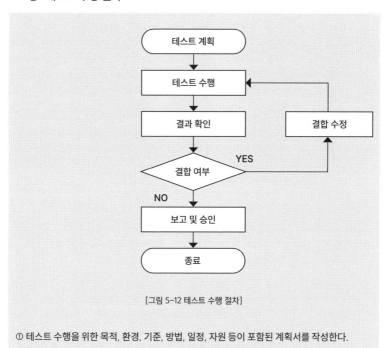

[그림 5-12 테스트 수행 절차]

① 테스트 수행을 위한 목적, 환경, 기준, 방법, 일정, 자원 등이 포함된 계획서를 작성한다.

② 테스트를 구체적으로 실시하기 위한 시나리오를 작성하여 테스트 케이스를 도출한다.

③ 작성된 테스트 케이스에 따라 테스트를 수행한다.

④ 테스트 결과가 예상 결과와 일치하는지 확인한다.

⑤ 결함이 있는지 확인한다.

– 결함 발생 시: 결함 수정 및 재테스트를 수행하고 결함 수정 여부를 확인

– 결함이 없을 시: 결함 조치 여부를 확인 후 보고

⑥ 결함이 완전하게 조치되면 보고 및 승인 후 종료한다

③ 테스트 환경 구축

데이터 구조를 기반으로 테스트 시 필요한 데이터베이스와 데이터를 생성하여 테스트 환경을 구축한다.

구분	데이터 유형	내용
단위 테스트	샘플 데이터	임의 생성한 유의미한 데이터
통합 테스트	수치 모델	연관된 데이터 그룹 - 인터페이스 데이터
시스템 테스트	실데이터	실제 운영 환경에서 사용할 수 있는 데이터
인수 테스트	실데이터	실제 운영 환경에서 사용할 수 있는 데이터

[표 5-4 테스트 데이터 유형 및 내용]

④ 테스트 역할 및 책임

구분	역할과 책임
관리자	테스트 계획 수립, 조직 구성, 변경 관리, 테스트 결과 승인
품질 담당자	결함 관리, 테스트 수행 절차 교육

수행자	테스트 시나리오 작성, 테스트 수행, 결함 수정
고객	인수 테스트 시나리오 검토, 인수 테스트 수행, 검수

[표 5-5 테스트 역할과 책임]

⑤ **테스트 유형**

■ **단위 테스트**

하나의 소프트웨어 모듈 기능이 정상적으로 동작하는지에 대한 여부를 테스트하는 것으로 블랙박스와 화이트박스 테스트 기법으로 분류할 수 있다.

구분	블랙박스 테스트	화이트박스 테스트
설명	테스터가 모듈 내부에 상세 지식이 없다는 것을 가정하고 입력 조건을 예측하여 테스트 케이스를 작성하는 기법	각 모듈의 구조성을 테스트할 때 적용되는 테스트 기법
종류	• 동등 분할 : 동일한 결과가 예상되는 입력값의 범위를 정하고 각 범위의 대푯값을 선택하는 방식 • 경계값 분석 : 처리가 달라지는 조건의 경계선에 근접한 부분에서 에러가 발생할 가능성이 높다는 전제하에 테스트 • 에러 추측 : 발생 가능성이 높은 에러를 파악하여 적합한 테스트 케이스를 작성 • 상태 전이 : 상태에 따라 다르게 동작하는 경우 흐름을 변경하면서 테스트 케이스를 도출	• 경로 테스트 : 실행 경로를 기초로 테스트하는 기법으로 모든 실행 경로가 최소한 한 번 이상 실행되도록 테스트 케이스 작성 • 제어 구조 테스트 - 조건 검사 : 프로그램 모듈 내 논리적 조건을 테스트하기 위한 케이스 작성 - 루프 검사 : 반복 구조에 초점을 맞춰 실시하기 위한 테스트 케이스 작성 - 데이터 흐름 검사 : 변수의 정의와 변수 사용의 위치에 초점을 맞춰 테스트 케이스 작성

[표 5-6 단위 테스트 케이스 방식의 종류]

■ 통합 테스트

구분	하향식 통합	상향식 통합
설명	메인 프로그램에서 시작하여 모듈들을 점진적으로 통합하는 기법	소프트웨어 계층 구조의 최하위부터 점진적으로 모듈들을 통합하는 기법
진행 방식	1) 메인 모듈을 중심으로 종속적인 모듈을 하나씩 통합 2) 각 모듈이 통합될 때마다 테스트 수행 3) 테스트 통과 시 또 다른 모듈 추가 4) 결함 발생 가능성을 대비하여 테스트 일부 또는 전부 재테스트 실시	1) 하위 모듈들의 연관된 기능이 동작하도록 클러스터로 조합 2) 각 클러스터를 테스트 3) 소프트웨어를 상향식으로 통합하여 소프트웨어 구조 완성
장점	• 주요 기능의 조기 테스트 가능 • 테스트 수행 시 시간 지연 최소화	• 드라이버 개발 용이
단점	• 실제 모듈 개발 이전에 테스트 수행이 어려움	• 마지막까지 독립된 소프트웨어 구조를 갖지 못하므로 테스트 수행 시간 지연 발생

[표 5-7 통합 테스트 방식의 종류]

프로그램의 기능 및 프로그램 간의 인터페이스가 정상적으로 동작하는지 확인하기 위한 것으로 모듈들을 체계적으로 통합시키기 위한 테스트다.

■ 시스템 테스트

통합된 모듈이 하나의 시스템으로 동작할 때 시스템의 성능과 관련된 고객의 요구 사항이 완벽하게 수행되는지를 테스트하는 것이다.

구분	하향식 통합
볼륨 테스트	개발된 소프트웨어가 요구되는 데이터 이상으로 처리할 수 있는지를 검증

스트레스 테스트	개발된 소프트웨어에 스트레스를 가하여 단시간에 많은 양의 데이터를 처리할 수 있는지 검증
성능 테스트	응답 속도, 처리량, 처리 속도 등 개발된 소프트웨어의 효율성을 검증
보안 테스트	불법 소프트웨어 사용을 방지하는지 검증
편의성 테스트	사용자 측면에서 UI 및 스타일의 편의성을 검증
호환성 테스트	기존에 사용하고 있는 소프트웨어와 호환성이 있는지 검증
신뢰성 테스트	개발된 소프트웨어의 에러 및 고장 정도를 검증
복구 테스트	소프트웨어의 결함 발생 시 데이터의 오류로부터 복구하기 위한 절차를 검증

[표 5-8 시스템 테스트의 종류]

■ 인수 테스트

시스템의 기능 및 성능에 대한 고객의 요구 사항이 일치하는지 확인하기 위한
테스트다.

프로젝트를 실행하는 데 가장 중요한 것은 신속한 의사결정이다. 프로젝트가 실패하
는 가장 큰 원인 중 하나는 의사결정 지연이다. 적절한 의사결정 체계를 유지하여 그
결과에 대한 성과를 측정하고 개선한다면 프로젝트의 성공률은 자연스럽게 높아질
것이다.
1. 의사결정 체계 수립
2. 의사결정 체계에 따른 신속한 의사결정
3. 의사결정에 따른 실행 및 피드백

모니터링을 통해
프로젝트를
통제하라

프로젝트 모니터링 및 통제는 프로젝트 계획에 대한 성과를
측정하고 차이를 분석하여 조치하는 것으로, 이에 따른 위험을
재평가하고 일정 및 비용 등에 대한 성과를 보고하는 것이다.

프로젝트 모니터링 및 통제는 프로젝트의 작업 수행 결과를 모니터링하여 변경 사항과 시정 조치를 요청하는 프로세스로, 프로젝트 전반에 걸쳐서 수행한다. 프로젝트 계획과 대비하여 심각한 차이가 있다면 이슈로 등록하고, 그 원인을 분석하여 시정 조치를 수행해야 한다. 또한 시정 조치는 완료될 때까지 관리하고 확인해야 한다.

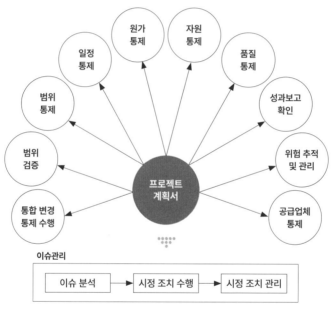

[그림 6-1 프로젝트 모니터링 및 통제 프로세스]

프로젝트 작업에 대한 모니터링과 통제는 다음의 사항을 중점적으로 확인한다.

- 프로젝트 계획 대비 실제 성과의 비교
- 시정 또는 예방 조치에 대한 성과 평가 및 시정 조치 요구

- 새로운 프로젝트 위험에 대한 분석, 추적, 모니터링 및 기존 위험의 식별, 위험 상태에 대한 보고, 적절한 대응 계획의 실행
- 프로젝트 결과와 제품 개발 완료에 필요한 정확하고 시의적절한 정보의 유지
- 현재 상황에 대한 보고, 진척도 평가, 예측을 위한 적절한 정보 제공
- 현재의 원가와 일정을 기반으로 향후 예측 정보 제공
- 승인된 변경의 이행 여부에 대한 모니터링

(1) 통합 변경 통제 수행

프로젝트 인도물(결과 산출물), 조직의 프로세스 자산, 프로젝트 계획에 대한 모든 변경 요청을 검토하고 변경 사항을 승인하는 등 프로젝트의 변경을 관리하기 위한 프로세스로, 프로젝트 착수에서 완료까지 전체 진행 과정에 적용한다.

- 승인된 변경만 프로젝트 개정에 포함하여 통합한다.
- 변경 사항은 반드시 문서화한다.
- 변경 수행 완료 후 반드시 해당 변경건에 대한 피드백과 확인 작업을 거친다.

프로젝트 변경 관리 절차는 다음과 같다.

1) 변경 요청

① 사용자 또는 프로젝트 참여자 중 프로젝트의 범위, 일정, 자원, 품질 등의 변경이 필요한 경우 변경 요청서를 작성하여 접수한다.

② 변경을 접수한 담당자는 프로젝트 변경에 따른 영향도 분석을 의뢰한다.

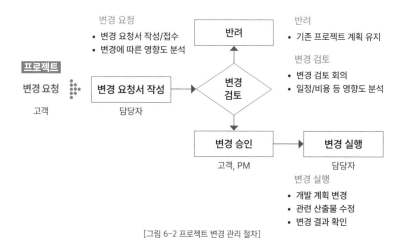

변경 요청
- 변경 요청서 작성/접수
- 변경에 따른 영향도 분석

반려
- 기존 프로젝트 계획 유지

변경 검토
- 변경 검토 회의
- 일정/비용 등 영향도 분석

변경 실행
- 개발 계획 변경
- 관련 산출물 수정
- 변경 결과 확인

[그림 6-2 프로젝트 변경 관리 절차]

2) 변경 검토

① 프로젝트 관리자를 포함하여 해당 변경건과 관련된 프로젝트 참여자는 검토 회의를 통해 영향도 분석을 수행한다.

② 변경 검토 회의를 통해 해당 변경건으로 인하여 발생한 프로젝트 일정, 비용 등의 영향도 분석 결과를 토대로 변경의 승인 여부를 결정한다.

3) 변경 실행

① 변경 불가 판정 시 반려하고, 변경 승인 시 프로젝트 관리자는 담당자를 지정하여 변경을 지시한다.

② 변경을 지시받은 담당자는 변경을 수행한 후 결과를 보고한다.

③ 프로젝트 관리자는 변경 결과를 확인한 후 이상이 있을 경우 시정 조치를 지시한다.

④ 담당자는 시정 조치를 수행한 후 보고한다.

⑤ 프로젝트 관리자는 해당 변경건이 완료될 때까지 추적 관리하고, 이상이 없

을 경우 프로젝트 계획 및 산출물 개정을 지시한 후 사용자를 비롯한 관련자에게 보고한다.

⑥ 사용자는 해당 변경건에 대해 확인 후 완료한다.

프로젝트에서 발생하는 변경은 프로젝트의 납기, 품질, 손익의 직접적인 영향을 주기 때문에 통합 변경 통제는 매우 중요하다. 변경에 대한 영향도를 검토하지 않고 바로 변경을 수용할 경우 추가 업무의 발생, 납기의 지연, 품질의 저하, 비용의 추가 발생, 이익의 감소 등의 결과를 초래할 수 있다.

(2) 이슈 추적 및 해결

프로젝트 수행을 위해서는 기본적으로 프로젝트에 대한 지식이 필요하지만, 지식만으로 해결이 안 되며 경험이 필요하다. 경험하지 못한 일이라면 막연한 두려움만 생기며, 이는 문제 해결에 전혀 도움이 되지 않는다. 따라서 프로젝트를 잘 수행하려면 이슈가 발생했을 경우 신속하게 대응하고 처리할 수 있는 역량을 갖춰야 하며, 이를 계속해서 추적 관리하여 문제가 없도록 해야 한다.

1) 이슈와 문제

- 이슈: 지금 발생한 사건이나 쟁점(예: 태평양에서 지진이 발생함)
- 문제: 이슈가 프로젝트 범위, 일정, 비용 등에 어려움을 초래하는 경우
  (예: 태평양 지진으로 인하여 해일이 발생해서 5명의 사상자가 발생함)

태평양에 지진이 발생했어도 아무런 영향도 미치지 않았다면 이슈만 될 뿐 문제가 되지는 않는다. 그런데 태평양 지진으로 인해 해일이 발생하고, 그 해일로 인해 5명의 사상자가 발생하면 문제가 된다.

※ 위험: 향후 프로젝트 목표 달성에 잠재적인 위협이 되는 요소(예: 태평양에서 지진이 발생할 가능성이 있음)

ID	IS-1	IS-2
식별 단계	설계	구축
범주	범위	인력
이슈 내용	고객의 작업 범위 변경 요청에 따른 영향도 분석 필요	인력 변경으로 인한 업무 재분배 및 관리
발생일자	2021. 00. 00	2021. 00. 00
중요도	중	상
긴급성	상	중
우선순위	상	상
조치자	홍길동	홍길동
상태	해결	해결중
예정 종료일	2021. 00. 00	2021. 00. 00
실제 종료일	2021. 00. 00	2021. 00. 00
해결 방안 및 진행 상황	요구된 작업 범위 변경은 변경 관리 프로세스에 따라 영향도 분석을 수행하고, 그 결과 단순 변경으로 평가하여 변경 처리 후 베이스라인 갱신함	프로젝트 관리자가 매주 변경된 인력의 업무 현황을 파악하고, 미흡할 시 업무 재분배를 통해 납기 지연을 사전에 방지할 예정임

[표 6-1 이슈 관리 대장 사례]

※ 프로젝트에서 발생할 수 있는 위험은 3장을 참고한다.

2) 문제 해결 프로세스

프로젝트를 수행하다 모르는 문제가 발생하면 먼저 피하고 싶어 한다. "이 문제의 본질이 무엇일까?", "어떻게 하면 이 문제를 풀 수 있을까?"라며 접근한다면 문제가 발생한 상황에 적극적으로 대처할 수 있다. 다음의 문제 해결 프로세스를 따라 원인을 분석하고 해결 방안을 수립하여 처리한다면 프로젝트 문제를 해결하는 데 많은 도움이 될 것이다.

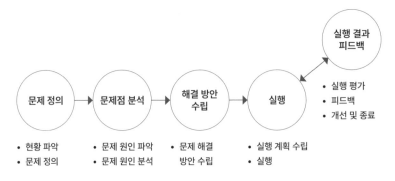

[그림 6-3 문제 해결 프로세스]

문제 해결 사례

(문제)
OOO시스템을 운영하는 프로젝트에서 갑자기 2시간 동안 장애가 일어나 모든 업무가 중지되고, 고객들의 불만으로 페널티가 발생했다.

문제 정의	① 현황 파악 현재 프로젝트 운영팀은 OO프로그램의 시스템 고도화를 진행하고 있는데, 프로그램의 변경이 결제에 어떤 영향을 미칠지에 대해 협의하거나 영향도 분석을 수행하지 않았다. ② 문제 정의 프로그램 특성상 개별 시스템이 연동되어 있는데, 프로그램 수정 시 영향도 분석 없이 빌드를 진행하여 결제 시스템의 장애가 발생했다.
문제점 분석	① 원인 파악 • 팀 간 업무에 대한 정의가 부재함 • 숙련된 실무자가 부족함 • 사용자 요구 사항에 따른 유지 보수 프로세스가 미비함 • 팀 간 협업 체계가 미비함

	• 장애 대응 체계가 미비함
	② 원인 분석
	• 팀 간 업무에 대한 정의가 부재함
	˅ 팀 간 업무는 구분되어 있으나, 신규 업무에 대한 책임과 역할이 정해지지 않음
	• 숙련된 실무자 부족
	˅ 현재 투입된 인원 대부분이 신입 직원임
	• 사용자 요구 사항에 따른 유지 보수 프로세스가 미비함
	– 사용자 요구 사항에 대해 팀끼리 협업할 수 있는 프로세스가 없음
	• 팀 간 협업 체계가 미비함
	– 사전에 요구 사항을 어떻게, 어디까지 반영할지 협의 없이 개별 담당자에게 직접 요청함
	– 원격 지원에 대한 업무 상황을 고려하지 않음
	–업무 과부하 발생
	• 장애 대응 체계 미비
	– 장애 대응을 위한 프로세스는 있으나, 구체적 행동 요령이 미흡함
	– 장애 프로세스 교육이 없음
해결 방안 마련	① 문제 해결 방안 수립
	장애 방지 및 신속한 대응을 위한 조직, 고객, 관리 측면에서 프로세스를 정립하고 운영 툴을 도입함
	• 조직 측면에서 숙련된 유지 보수 인력 양성
	– 적재적소에 적합한 인력의 배치
	• 고객 측면에서 위험 관리 솔루션 및 보안 툴 도입
	– 보안 위험 관리 진단 및 안정화
	• 관리 측면에서 유지 보수 운영 툴 도입을 통한 영향도 분석
	– 팀 간 업무의 효과적인 대응 및 영향도 분석을 통한 품질 향상
실행	① 실행 계획 수립
	• 우선 실시(3개월 내)
	– 팀 간 업무 정의, 표준 빌드 절차 개선
	• 단기 실시(6개월 내)
	– 운영 업무 툴 도입, 서버 이중화
	• 중·장기 실시(1년 이상)
	– 인력 양성, 보안 툴 및 모니터링 시스템 도입
	② 계획의 실행
	• 2022년 00월 00일~00월 00일까지 우선 실시 방안 실행

(3) 자원 통제

프로젝트는 공동의 목표를 달성하기 위해 모인 집합체이기 때문에 프로젝트 관리자는 이해관계자의 행동과 감정을 관리하는 역량을 발휘해야 하며, 프로젝트 참여자의 다양성을 존중하고 이를 통합해서 팀을 이끌어야 한다. 어떤 팀원은 본인의 능력을 과시하고 싶어 하기도 하고, 새로운 업무에 대한 거부감이 있을 수도 있으며, 허위로 보고할 수도 있다. 프로젝트 팀원에 대한 정서적 관리가 없다면 팀원 사이에 불화가 생겨 자원의 이탈이 발생할 수 있으며, 이는 프로젝트에 큰 위기를 가져온다. 프로젝트 관리자는 감정적 특성을 잘 인지하고 균형 있게 관리하는 역량을 발휘해야 한다. 특히 그라운드 룰과 워크숍 등을 통해 공동체 의식을 함양하고, 팀원들 간에 건강한 관계가 유지되도록 해야 한다.

[프로젝트 관리자가 자원을 통제하기 위한 방안]

■ 정서적인 안정을 유지하라

프로젝트는 여러 사람이 모인 다양성으로 인하여 프로젝트 팀원은 높은 지위를 갖고 싶다는 기대 심리를 가질 수 있고, 능력이나 경험 있는 팀원이 거만하게 행동할 수도 있다. 팀원 간에 불화가 발생하면 인력이 이탈하거나 협업에 커다란 위험을 초래할 수 있기 때문에 프로젝트 관리자를 비롯한 경영층은 팀원들이 정서적으로 안정될 수 있도록 지속적으로 관리해야 한다.

■ 공동체 의식을 함양하라

프로젝트 참여자 간에 건강한 관계를 유지하고 공동의 책임을 인지할 수 있도록 관리한다. 이를 위해서는 프로젝트 목표에 관심을 갖도록 적절한 정보를 공유하고 이를 유지한다.

■ 프로젝트 목표에 초점을 맞춰라

프로젝트 목표에 대한 명료함은 프로젝트 진행 과정에서 팀원 간의 이슈를 줄일 수 있도록 도와준다. 프로젝트 참여자들이 최대한 명확한 목표에 집중하게 하여 팀원 간의 갈등에 시간을 허비하지 않도록 한다. 프로젝트 관리자와 경영자가 프로젝트팀의 공동체 의식을 지속적으로 함양하도록 노력을 기울여 프로젝트 팀원을 정서적으로 안정시키면 그들은 질 좋은 제품과 서비스를 만드는 데 집중할 것이다.

1. 프로젝트 모니터링은 프로젝트가 계획대로 진행되고 있는지 객관적인 관점에서 감시하는 것이다.
2. 프로젝트 통제는 범위, 일정을 기준으로 수행해야 하며, 계획과 차이가 발생하면 시정 조치를 요구하고 조치 결과를 반드시 확인한다.
3. 공급업체 업무 성과를 주기적으로 파악하여 위험을 사전에 방지한다.
- 공급업체 보고 내용은 실체를 파악해서 추후에 문제 발생의 소지가 없도록 한다.

고객이 승인해야
프로젝트가
종료된다

프로젝트의 모든 요구 사항이 달성되었는지 확인하여
고객으로부터 제품에 대한 최종 승인을 받고 계약을 종료한다.

1. 시스템 이행

테스트 완료된 시스템을 실제 운영 환경에 설치하여 운용한다.

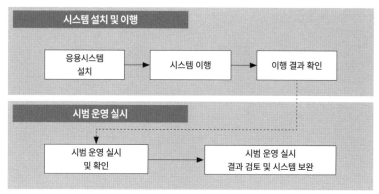

[그림 7-1 시스템 설치 및 이행 프로세스]

(1) 시스템 설치 및 이행

1) 응용시스템 설치

개발이 완료된 시스템의 응용프로그램 및 관련 소프트웨어를 설치하여 실제
사용할 수 있는 환경을 구축한다.

- 이행 일정 계획에 따라 설치 환경을 준비하고, 설치될 프로그램 코드 및 소프트웨어
  목록을 확인한다.
- 이행 계획에 따라 설치 프로그램 및 신규 응용 프로그램을 배포하여 응용프로그램
  설치 작업을 수행한다.
- 설치한 프로그램 코드 및 소프트웨어가 정상적으로 작동하는지 확인한다.

2) 시스템 이행

운영 환경으로 이관된 데이터베이스, 어플리케이션, 하드웨어 등 최종 시스템을 사용자에게 인도한다.

3) 이행 결과 확인

최종 구축된 시스템이 정상적으로 작동하는지 품질보증 활동을 수행하여 확인한다.

- 시스템 설치 및 이행 완료 후 정상 처리 결과를 확인한다.
- 품질보증 담당자와 개발팀은 실제 데이터를 입력하여 정상 동작 여부를 확인한다.
- 품질보증 활동 결과 이상이 없을 경우 최종적으로 보고한다.

(2) 시범 운영 실시

1) 시범 운영 실시 및 확인

개발된 응용프로그램을 시범적으로 운영하여 안정성 여부를 확인한다.

- 시범 운영 계획에 따라 시범 운영
- 시범 운영 중 발생한 문제점을 확인 및 조치하고 처리 결과 확인

2) 시범 운영 실시 결과 검토 및 시스템 보완

시범 운영 중에 작성된 시범 운영 일지를 검토하여 문제점을 보완하고, 시스템이 안정적으로 운영될 수 있도록 모니터링한다.

- 시범 운영 일지에 식별된 문제는 결함 관리 대장에 등록하여 처리한다.
- 보완된 시스템 기능은 테스트를 실시하여 결함 처리 결과를 확인한다.

2. 프로젝트 종료

프로젝트를 완료하기 위한 프로세스로, 모든 행정적 종료 활동을 포함한다.

- ■ **해야 할 일**
  - **프로젝트에 대한 공식적인 승인 획득**
  - **실패 사례 작성**
  - **프로젝트 산출물 정리**
  - **프로젝트 팀원의 발령 해제**

※ 프로젝트 종료 절차에서 가장 중요한 것은 고객에 의해 공식적으로 프로젝트의 종료를 승인받는 것이다.

3. 프로젝트 자산 갱신

프로젝트를 수행하면서 얻어진 프로세스의 계획, 실행 등의 관련 경험 및 정보를 조직의 프로세스 자산에 통합하여 저장하고 관리한다.
※ 구축된 조직의 프로세스 자산은 조직의 관리 및 기술적 역할 수행을 지원해주는 교육 훈련을 통해 조직 구성원의 역량 강화에 활용할 수 있다.

> 프로젝트 수행 산출물 및 결과는 추후에 다른 프로젝트를 수행할 때 활용하기 위해 조직의 프로세스 자산으로 축적해둔다. 프로젝트 경험을 활용하면 기업의 이익에도 기여한다.

시스템 운영은
유지 보수,
AS까지가
프로젝트다

시스템 운영은 서비스 제공 중인 시스템에 대해 사용자의 변경 요청
발생 시 이를 접수하여 영향도를 분석하고, 변경 승인 시 변경을
수행하기 위한 프로세스다. 시스템의 변경 요청 시 현재 운영 중인
시스템의 영향도를 검토하여 반영하고, 최적의 보안 및 장애 관리를
통해 안정적으로 시스템을 운영하는 데 목적이 있다. 시스템 운영
시 사용자의 변경 요구가 있을 경우 다른 시스템에 미치는 영향을
반드시 수행하고 변경해야 하며, 유지 보수 조직은 표준화된 업무를
통해 체계적으로 솔루션 운영 업무를 수행해야 한다.

유지 보수 모니터링은 유지 보수 현황에 대한 문제점을 발견하고, 이를 시정 조치하여 시스템 운영의 생산성과 고객 만족도를 향상시킨다.

(1) 모니터링

1) 유지 보수 항목 선정

계약서 혹은 SLAService Level Agreement 계약을 기반으로 데이터, 시스템 운영, 헬프데스크, 교육, 회의, 시스템 등 유지 보수 현황 파악을 위한 항목을 선정한다.

2) 현황 보고

유지 보수 팀은 유지 보수 항목의 데이터를 주기적으로 수집하여 관리자에게 보고한다.

3) 현황 파악

관리자는 보고받은 유지 보수 현황을 파악하여 문제점을 식별한다.

(2) 시정 조치

1) 시정 조치 검토

관리자는 유지 보수 항목에 문제가 있다고 판단될 경우 담당자를 지정하여 시정 조치를 지시한다.

2) 시정 조치 수행

시정 조치 담당자는 시정 조치를 수행하고, 그 결과를 보고한다.

3) 검토 및 승인

관리자는 시정 조치 결과를 검토하고 추가적인 작업이 필요하다고 판단될 경우 재작업을 요청하고, 문제가 해결된 경우에는 사용자에게 유지 보수 현황을 보고한다.

4) 확인 및 승인

사용자는 보고받은 유지 보수 현황이 계약 내용대로 진행되었는지 확인하고, 문제가 없을 시 이를 승인한다.

2. SR 처리

시스템 운영 시 사용자로부터 서비스 요청Service Request을 접수받으면 이를 체계적으로 처리하여 효율적으로 유지 보수 업무를 수행하기 위한 것이다.

(1) SR 요청

1) SR 요청
사용자는 현재 사용하고 있는 응용프로그램의 개발, 수정 등의 변경 또는 추가가 필요한 경우 유지보수팀에 SR 처리 요청서를 작성하여 의뢰한다.

2) SR 접수
유지보수팀 담당자는 접수받은 SR을 확인한 후 해당 내용이 계약상 서비스 범위에 포함되는지 관리자에게 요청한다.

3) 서비스 대상 여부 확인
관리자는 서비스 대상으로 판정할 경우 SR 처리를 위한 프로세스를 진행하고, 대상이 아닐 경우 사용자에게 이를 설명하고 반송한다.

4) 반송
SR 처리 대상이 아닌 경우 사용자는 그 내용을 확인하고 종료한다.

(2) SR 처리

1) 단순 처리 여부 확인
사용자로부터 접수받은 SR이 단순 처리(단순 기능 개선, 데이터 요청 등)인지, 추가

공수가 필요한 업무인지 결정하고, 단순 처리일 경우 별다른 영향도 분석 없이 작업을 수행한다.

2) 영향도 분석

접수된 SR 변경으로 인하여 타 시스템에 어떠한 영향을 미치는지 확인하여 프로그램 간의 오류 발생을 방지한다.

3) SR 처리

단순 처리 및 영향도 분석이 완료된 SR은 지정된 담당자가 SR 처리 계획을 수립하여 처리한다.

4) SR 처리 결과 확인

관리자는 SR 처리 결과를 확인한 후 테스트 결과가 이상이 없을 경우 시스템 반영을 지시한다.

5) 운영기 빌드 및 보고

SR 처리 담당자는 처리한 빌드 담당자와 협의하여 운영기에 빌드 후 결과를 보고한다.

6) 결과 확인 및 보고

관리자는 운영기 반영 결과를 확인 후 사용자에게 보고한다.

7) 확인 및 종료

사용자는 요청한 SR 처리 결과를 확인 후 이상이 없을 경우 종료한다.

> 시스템 운영 시 서비스 변경에 대한 요청은 반드시 연관된 타 시스템에 대한 영향 분석을 충분히 수행해야 한다. 영향 분석 없이 서비스를 변경하면 장애와 보안 문제가 발생하는 원인이 된다.

독자에게 드리는 글

지금까지 사업의 제안부터 프로젝트 종료까지 전체 프로세스를 살펴보았다. 프로젝트 수행 단계를 다시 요약하면 다음과 같다.

1. 착수 단계: 프로젝트 목표를 기반으로 범위를 확정하고, 이해관계자를 식별하여 분석한다.

2. 계획 단계: 프로세스별(통합, 범위, 일정, 원가, 자원, 품질, 위험, 의사소통, 공급업체) 계획을 수립한다.

3. 실행 단계: 프로젝트 계획을 수립한 대로 요구 사항을 개발한다.

4. 모니터링 및 통제 단계: 프로젝트 성과를 관리하고, 변경을 통제한다.

5. 종료 단계: 프로젝트의 자산을 갱신하고, 종료한다.

가장 중요한 것은 지금 수행하고 있는 프로젝트의 본질을 잊어서는 안 된다는 사실이다. 필자의 경험상 프로젝트팀은 프로젝트 진행 과정에서 발생하는 다양한 사건(고객의 요구 사항 변경, 인력의 퇴사, 용역 수행 업체의 문제 등)으로 인해 프로젝트 목표를 망각하는 경우가 다반사다. 모든 프로젝트는 목표에서 출발하여 목표로 끝난다. 따라서 프로젝트의 목표를 프로젝트 초기에 충분하게 이해하고, 최종 목표 달성을 위한 전략을 적절하게 수립하여 프로젝트 중간에 본질을 벗어나는 일이 없도록 한다.

이러한 프로젝트 본질에서 벗어나지 않으려면 첫째, 프로젝트 목표를 달성하는 데 적합한 전문 프로젝트 관리자를 투입한다. 경험이 많은 프로젝트 관리자는 최종 미션을 항상 염두에 두고 업무를 수행하기 때문에 프로젝트 중간에 발생하는 이슈를 냉철한 관점으로 바라볼 수 있다. 둘째, 사업 수행의 범위를 빠르게 확정하고 이를 토대로 세부적인 활동을 정의해야 한다. 프로젝트 초기에 범위에 대한 명확한 설정은 프로젝트를 성공으로 이끄는 가장 빠른 길이다. 프로젝트도 뼈대 역할을 하는 범위만 제대로 설정하면 전체 공정이 수월해진다. 셋째, 세분화된 활동별로 적절한 자원을 할당한다. 업무 영역에 적합하지 않은 인력을 투입하는 것은 단단한 콘크리트 벽에 아무것도 없이 못질하는 것과 다를 바 없다.

아울러 프로젝트는 계획부터 체계적인 프로세스를 적용해야 하며, 지속적으로 위험을 줄여가면 성공률을 크게 높일 수 있다.

프로젝트 관리자가 되려는 분에게

프로젝트는 자원을 투입하여 고객을 만족시키는 것을 목표로 하기 때문에 사람과 관계를 설정하고 유지하는 것이 매우 중요하다. 비즈니스의 전문성을 기반으로 투입된 인력을 이끌어야 하고, 프로젝트 수행 중 발생하는 문제를 적극적으로 해결해야 한다. 따라서 프로젝트를 수행함에 있어서 "어떤 프로젝트 관리지를 투입할 것인가?"와 "프로젝트 관리자가 제대로 임무를 수행하는가?"가 무엇보다 중요하다. 프로젝트 관리자가 성공적으로 임무를 완수하기 위해 가장 중요한 3가지 항목은 비전 수립, 리더십 그리고 문제 해결 능력이다.

1. 비전을 수립해야 한다

프로젝트 관리자는 미시적인 관점에서 현재를 바라보면 안 된다. 항상 거시적인 안목을 갖고 최종 목표에 대한 그림을 머릿속에 그려 놓고 미래를 바라보고 일해야 한다. 현재 시점을 기준으로 일하면 감정에 치우치거나 프로젝트의 본질을 잊을 수 있기 때문에 미래 프로젝트가 종료되는 시점에서 제품의 결과를 생각하고 합리적으로 의사결정을 하도록 한다. 미래를 먼저 생각하고 팀원들이 목표에 집중하게 하며 비전을 지속적으로 공유하며 노력한다면, 원하는 결과를 얻을 수 있다.

2. 확고한 원칙을 갖고, 리더십을 발휘하라

프로젝트 관리자는 리더로서 확고한 원칙이 있어야 한다. 즉, 사사로운 감정에 치우치지 않고, 목표를 향해 냉정하게 현실을 바라보고 합리적으로 의사결정하는 것이다. 사소한 일에 감정을 드러내거나 팀원들에게 흔들리는 모습을 보인다면 팀원들은 리더에 대한 믿음을 상실할 수 있다.

3. 문제를 해결하라

프로젝트를 진행하다 보면 다양한 문제가 발생한다. 사용자의 요구 사항, 인력의 퇴사, 용역 수행 업체의 업무 지연 등 수많은 문제가 도사리고 있다. 프로젝트 관리자는 이러한 문제를 풀어야 한다. 그러므로 정확한 현황을 분석하여 문제의 원인을 파악하고 해결 방안을 제시해야 한다. 프로젝트 관리자는 특정 업무만 잘하는 것보다 상황에 잘 대처하고 문제를 잘 해결하는 것이 중요하다.

무엇보다 사용자의 가치를 먼저 생각해야 한다. 감정이 앞서면 일을 그르치고, 집중하지 않으면 무엇이 중요한지 초점을 잃어버릴 수 있다. 왜 이 사업을 하는지, 목표가 무엇인지 잘 알고 있다면 결과는 좋을 것이다.

무엇보다 프로젝트를 꼭 성공시키겠다는 절실함은 어느 무엇보다도 성공하는 데 가장 큰 원동력이 된다.

마지막으로 지금까지 이 책을 출간할 수 있도록 많은 도움을 주시고 감수해 주신 분당서울대학교병원 이호영 의료정보실장님께 감사의 말씀을 전하고 싶다. 이 책이 프로젝트 또는 비즈니스 수행에 많은 도움이 되길 바란다.

부록 1. 제안 프로세스

제안은 고객이 수행하고자 하는 사업의 니즈를 반영하고, 사업의 성공을 위해 제공할 수 있는 가치를 제시하는 것이다. 고객의 니즈를 반영한 제안서를 작성하려면 고객이 최종적으로 원하는 목표와 업무 환경을 잘 이해해야 하며, 우리의 강점을 최대한 살려서 설득력 있는 메시지를 전달해야 한다. 고객은 제안사가 고객이 원하는 최종 목표를 달성할 수 있는지, 사업 수행 역량이 충분한지를 평가하려 할 것이다. 따라서 고객이 "왜 이 사업을 수행하려고 하는 것인가?"와 "왜 우리가 해야만 하는 것인가?"를 명확히 하면 제안 작업을 수월하게 할 수 있다. 이후에 제시할 제안 프로세스는 고객이 평가를 수행할 때 생각하는 사고의 기본적인 구조를 반영하고 있기 때문에 사업 제안에 많은 도움이 될 것이다.

먼저, 우리는 효과적으로 제안서를 작성하기 위해서 몇 가지 고려해야 할 사항이 있다. 첫째, 고객에 대한 높은 이해도가 있어야 한다. 둘째, 설득력 있는 메시지가 있어야 한다. 셋째, 제공할 수 있는 가치에 집중해야 한다.

위 3가지 사항을 고려하여 다음과 같이 체계적으로 제안서를 작성해야 한다..

1. 제안 전략의 수립

제안 전략은 사업 수주를 목적으로 한다. 우리가 사업자로 선정되기 위해 제안서를 어떻게 작성하고 논리적으로 설득할 것인가가 중요하다.

(1) 고객 분석

제안 전략을 수립하는 데 첫 번째로 해야 할 일은 고객을 분석하는 것이다. 고객의 비즈니스를 이해하고 왜 이 사업을 하려고 하는 것인지, 최종 목표는 무엇인지 잘 파악해야 한다.

- 고객의 비즈니스 이해

  - 고객의 비즈니스 모델을 이해하고, 어떻게 수익을 창출하는지 파악

  - 고객의 비즈니스 내부 환경(시스템 구조, 조직도, 데이터 구조 등) 이해

- 사업 목적 분석

  - 고객이 왜 이 사업을 하려고 하는지 최종 목적을 이해

  - 최종 목표 달성 시 고객의 핵심 가치가 무엇인지 도출

- 고객 요구 사항 분석

  - 고객의 니즈를 파악하고 정리

  - 고객의 핵심 가치를 기반으로 요구 사항의 우선순위화

(2) 경쟁사 분석

고객의 경쟁사를 파악하여 고객의 강점과 약점이 무엇인지 파악한다.

- 경쟁 관계 파악

  - 고객과 경쟁하고 있는 기업을 파악

- 경쟁사의 강점 및 특징 분석

  - 고객과 대비하여 경쟁사의 강점이 무엇인지 파악

  - 경쟁사의 업무 환경 등 특징 분석

- 경쟁사 대비 약점 분석

  - 경쟁사 대비 고객의 비즈니스 환경의 약점 및 위협 요소 분석

(3) 해결 방안 수립

고객이 현재 경쟁사 대비 또는 자체적으로 어떤 문제가 있는지 파악하여 이를
해결할 수 있는 방안을 기술적, 영업적, 재무적으로 마련한다.

- 기술적 해결 방안 수립

- 경쟁사와 차별화할 수 있는 시스템 구조, 응용소프트웨어 등에 대한 기술적 해결 방안
- 영업적 해결 방안 수립
  - 핵심 가치를 통한 시장 점유율 확대 및 신사업 창출 등에 대한 기대 효과 마련
- 재무적 해결 방안 수립
  - 사업 목표 달성 시 원가 절감, 영업 이익 증대 등 재무적 개선 방안 수립

(4) 제안 전략 수립

고객이 목표로 하는 사업을 우리가 수행하면 더 많은 가치를 제공할 수 있다는 점을 분명히 하여 사업자로 선정될 수 있는 핵심 메시지를 도출한다.

- 핵심 메시지 도출
  - 고객의 사업 목표 달성을 위한 제안의 핵심 메시지 도출
- 차별화 방안 제시
  - 우리의 핵심 기술, 보유 역량을 통한 차별화 방안 수립
- 핵심 가치 제공
  - 고객의 원하는 비전 달성을 위한 핵심 가치에 집중

2. 제안 계획의 수립

제안 계획은 고객의 요구 사항을 정리하고 회사가 보유한 기존 제안서를 활용하여 제안하려는 사업의 특성에 맞게 표준화된 템플릿을 작성하고 제안 일정 및 목차를 확정하는 것이다.

(1) 제안 일정 및 제안팀 구성

제안 일정은 사업의 핵심 가치 제공과 고객 설득을 위해 더 많은 검토가 이루어질 수 있도록 잡아야 하며, 신속하게 제안팀을 구성해야 한다.

- 제안 일정 수립

  - 제안 마감일을 기준으로 하여 제안서 작성, 취합, 검토 일정을 수립

  - 제안서 검토 일정은 수정 시간을 고려하여 버퍼를 두는 것이 바람직함

- 제안팀 구성 및 업무 분장

  - 각 제안 분야(전략적, 기술적, 영업적, 재무적 등)의 전문 인력 투입

  - 제안팀은 제안 경험, 작성 역량 등을 고려하여야 함

- 제안 목차 확정

  - 제안 전략에 따라 제안서 목차 및 구성 확정

(2) 요구 사항 분석

제안서의 기초가 되는 고객의 요구 사항을 꼼꼼히 분석하고 이에 상응하는 키워드를 정리한다.

- 제안 요청서 및 요구 사항 분석

  - 고객의 제안 요청서를 검토하고 요구 사항을 정리/분석

  - 고객의 핵심 가치를 기준으로 요구 사항 우선순위화

- 키워드 정의

  - (고객 입장에서) 사업 목표 달성을 위한 키워드 정리

  - (우리 관점에서) 제안 차별화를 위한 키워드 정리

(3) 기존 제안서 검토 및 활용

일정과 비용 등을 고려하여 효율적인 제안서 작성을 위해 회사 내 프로세스 자산 (기존 제안서, 템플릿 등)을 활용한다.

- 조직 내 유사한 사업 제안서 검토 및 활용

- 유사 사업 제안서 검색 및 검토

- 필요한 내용에 대한 기존 제안서 활용

(4) 제안 템플릿 확정

- 제안 도구의 확정

    - 한글/PPT(제안서), 엑셀(조견표, 목차), 제안 자료 저장소, 보안 등 제안 도구 확정

- 표준 템플릿 작성 및 배포

    - 제안 도구에 대한 표준 템플릿(디자인, 표, 폰트 등) 작성 및 배포

3. 제안서 작성

제안서는 스토리보드를 기준으로 고객 가치에 초점을 두고 명료하게 작성하는 것이 중요하다.

(1) 스토리보드 개발

- 스토리보드 개발을 위한 브레인스토밍

    - 제안팀은 제안의 가치와 키워드 확보를 위한 브레인스토밍 수행

- 스토리보드 작성

    - 제안서 목차를 기준으로 각 제안 파트별 스토리보드 작성

    - 제안 PM은 개별 스토리보드 취합

- 스토리보드 검토

    - 제안 팀 전체 스토리보드 검토 및 보완

(2) 제안서 작성

- 다음을 고려하여 업무별 제안서 초안 작성

- 시인성: 시각적으로 쉽게 파악할 수 있도록 함

- 문장의 명료성, 고객 가치의 초점, 논리적 구성

(3) 제안서 검토

- 제안 검토 수행

  - 제안팀 자체 검토

  - 경영진 및 전문가 그룹 검토

- 제안 검토 시 확인해야 하는 사항

  - 고객의 요구 사항이 제대로 반영되어 있는가?

  - 우리 회사가 제공할 가치에 대한 능력이 제시되고 있는가?

  - 제안서 내용이 논리적이고, 문장이 명료한가?

  - 제안서에 포함된 그림, 표 등이 효과적인가?

  - 제안 평가 항목의 내용이 모두 포함되어 있는가?

이와 같이 사업을 제안하기 위해서는 몇 단계에 걸쳐 제안 작업을 진행해야 하는데, 제안 작업 시 항상 염두에 두어야 하는 것은 다음과 같다.

고객이 왜 이 사업을 해야 하는가?

이 사업을 왜 우리 회사가 해야 하는가?

제안서는 회사가 제공할 수 있는 가치를 총합하여 제시하는 것이기 때문에 기업의 거울이라 할 수 있다. 따라서 제안서를 작성할 때는 제공할 수 있는 가치를 총동원하여 '이 사업을 해야 하는 이유'와 '우리가 해야 하는 이유'를 명확하게 제시하고 전달해야 한다.

부록 2. 프레젠테이션 스킬

프레젠테이션은 제한된 시간 안에 청중에게 필요한 정보를 정확하게 전달하여 내가 목적으로 하는 결과를 얻기 위한 커뮤니케이션 기술이다. 제안 발표, 각종 보고회 등 모든 의사결정은 프레젠테이션의 결과이므로 매우 중요하다.

일반적으로 프레젠테이션이라 하면 말을 잘하는 것으로 생각하기 쉽다. 과연 말만 잘하면 원하는 결과를 얻을 수 있을까? 2011년 1월, 미국의 오바마 대통령은 애리조나 총기 난사 희생자 추모 연설에서 연설 도중 감정을 억누르는 듯한 표정을 짓고 51초간 침묵하며 청중을 바라보았다. 이 침묵은 미국 전역과 전 세계인의 마음을 뭉클하게 하며 진한 감동을 전달했다. 이와 같이 프리레젠테이션은 원하는 결과를 얻기 위해 청중의 마음을 사로잡고 설득하는 것이다. 청중의 마음을 움직이기 위해서는 단순히 말만 잘해서는 안 되고, 발표 자세, 청중의 구성, 발표 장소, 스토리의 전개 방향 등 프레젠테이션 전 과정에 걸쳐서 철저하게 준비해야 한다.

체계적으로 프레젠테이션을 준비하기 위한 절차는 다음과 같다.

1. 프레젠테이션 사전 준비

(1) 핵심 전달 키워드 확정하기

- 고객이 가장 원하는 사업의 핵심 목적을 검토하고 요구 사항을 정리하기
  - 고객의 니즈를 파악하고 정리한다.
- 사업 목적에 부합하는 강점, 강조할 수 있는 키워드 정리
  - 사업을 통해 제공할 수 있는 핵심 메시지를 정리한다.
  - 고객의 관점에서 그들의 마음을 움직일 수 있는 가치에 집중한다.

(2) 제안 설명회 진행 계획 수립

- 제안 발표자 확정

  - 제안 발표는 회사 내 프레젠테이션 전문가가 진행한다.

  - 아무리 제안서를 잘 작성하더라도 설득력이 떨어지는 발표는 헛수고가 될 수 있다.

- 발표 장소, 도구, 시간, 참석자 등 제안 발표 진행 계획 수립

  - 환경을 사전에 파악하여 친숙해지도록 하면 긴장을 없애고 자신감을 고취하는 데 도움이 된다.

(3) 청중 및 키맨 분석

발표는 청중을 대상으로 하는 것이기 때문에 청중을 잘 분석하는 것은 제안 전략에서 핵심적이다.

- 청중 분석

  - 나이, 직업 등 어떤 사람들을 대상으로 발표를 진행하는 것인지 분석한다.

- 키맨의 성향 분석

  - 청중 가운데 의사결정권을 가진 키맨은 누구인지 확인하고, 어떤 성향인지 파악한다.

(4) 사전 질의 사항 검토 및 대응 방안 수립

- 예상되는 질의 사항 검토

  - 키맨과 청중이 가장 중요하게 생각하는 가치 및 질의 사항 정리

- 대응 방안 수립

  - 예상 질의 내용에 대한 사전 답변서 작성 및 숙지

(5) 프레젠테이션 사전 점검 사항

- ✓ 프레젠테이션의 목표를 명확하게 인지하고 있는가?

- ✓ 발표회에 참석하는 사람들을 파악하고 있는가? 키맨은 누구인가?

- ✓ 고객은 무엇을 기대하고 있는가?

- ✓ 고객이 아는 사실과 모르는 사실은 무엇인가?

- ✓ 고객과 경쟁 관계에 있는 기업들에 대한 분석이 잘되어 있고, 차별화된 가치를 제

   공할 수 있는가?

- ✓ 고객의 요구 사항을 잘 파악하고 있는가?

2. 발표 자료 작성

발표자가 아무리 말을 잘하고 준비된 자료가 훌륭해도 청중이 이해하지 못하는 프레젠테이션은 실패다. 프레젠테이션 목적에 맞게 청중을 설득하여 의도한 대로 고객이 의사결정을 할 수 있도록 발표 자료를 작성해야 한다.

(1) 사업 개요

- ▪ 사업 목표 기술

   - 프레젠테이션의 목표가 청중의 기대를 만족시키는 것임을 잊지 않는다.

(2) 서론

서론은 청중의 흥미를 이끌어내어 청중들이 발표에 집중하도록 초점을 맞춘다. 청중의 집중 효과는 프레젠테이션의 성공률을 크게 높일 수 있다.

- ▪ 서론에 포함되어야 할 흥미 유발 내용

   - 청중의 관심 사항이나 통계 등을 제시하여 궁금증을 자아낸다.

   - 비즈니스를 통해 어떤 이을 얻을 수 있는지 제시한다.

   예) 이번 시스템이 구축되면 3년 이내에 OO원의 비용 절감 효과가 있다.

   - 풍부한 경험을 바탕으로 한 사업 전략 제시를 통해 성공적인 사업 수행 강조

(3) 본론

- 서론의 사업 전략을 논리적이고 구체적으로 설명할 수 있는 내용을 작성

  - 주제(서론의 사업 전략)에서 벗어나지 않아야 한다.

  - 사업 수행의 주요 전략을 논리적인 순서(비교/대조, 문제/해결, 원인/결과 등)으로 작성한다.

- 필요한 정보를 간결한 문장으로 작성

  - 불필요한 말, 자신 없는 말로 작성하지 않는다.

  예) ~인 것 같다. ~이었으면 한다.

- 슬라이드 꾸미기

  - 워딩은 짧고 쉽게 한다.

  예) '최근 원자재 가격 급등으로 인한 물가 상승으로 서민 경제 부담이 가중될 것으로 예상된다'는 '물가 비상' 또는 '서민 고통'으로 쉽게 작성

  - 슬라이드를 빛낼 단어는 이미지로 한다.

  - 클립아트, 표, 차트를 활용한다.

  - 숫자 표현은 쉽게 한다.

  예) '폴더블폰 판매 비중이 지난해 0.6%에서 올해 12%까지 상승했다'는 '10명 중 1명은 폴더블폰을 사용한다'는 식으로 쉽게 작성한다.

(4) 결론

서론에서 청중의 관심을 불러일으키는 것이 중요하다면, 결론에서는 임팩트 있는 마무리가 중요하다.

- 핵심 메시지의 반복 전달
- 강한 인상의 마무리 멘트

3. 리허설 실시

철저한 준비는 성공적인 프레젠테이션의 바탕이 되므로 리허설은 프레젠테이션 장면을 미리 상상하고 실제처럼 진행한다.

(1) 리허설 수행

- 슬라이드에 맞춰 발표 원고 구성하기
- 가급적이면 실제 프레젠테이션 장소 또는 동일하게 구성된 장소에서 리허설 수행하기
- 반드시 시간 재기
- 최소 3번 이상 연습하기
- 촬영을 통해 모니터링하기

(2) 철저한 리허설 결과

- ✓ 자신감의 획득
- ✓ 슬라이드와 발표자의 동기화
- ✓ 프레젠테이션의 흐름 파악
- ✓ 돌발 상황 대처
- ✓ 시간 관리

4. 실전 프레젠테이션

(1) 실전 프레젠테이션의 기본

- 프레젠테이션의 시작은 위치, 자세, 인사
  - 위치: 의사결정자 대각선에 위치
  - 자세: 두 손을 모으고 자연스럽게

- 인사: (인상적인) 소개 후 인사

- 적절한 몸짓과 손짓의 표현

  - 상황에 맞는 몸짓과 손짓을 자연스럽게 표현

- 시선 맞춤은 자신감의 표현

  - 눈은 마음을 보여주는 창이며 의사소통의 도구

  - 키맨에게 시선을 고정하고 눈을 맞추며 발표한다.

- 바람직한 포인터의 사용

  - 포인터를 돌리는 것은 긴장감 또는 경험 부족을 의미한다.

  - 포인터는 중요한 키워드에 한 번 정도 찍어주어 강조한다.

- 말 연습은 필수

  - 단어 반복(어, 저, 그, 지금 등)과 발음(눈: vs 눈, 효과, 자장면 등)을 교정한다.

[프레젠테이션 준비 5단계]

1. 목표 설정: 시작 전 개요(배경, 목적, 필요성)은 분명하게 나타낸다.

2. 대상자 분석: 청중 및 대상에 맞춰 프레젠테이션 슬라이드를 작성한다.

3. 스토리보드 작성: 서론(핵심)→본론(뒷받침-3의 법칙 활용)→결론(핵심)순으로 작성한다.

4. 슬라이드 구성: 슬라이드는 가독성(색상, 이미지, 폰트, 차트 구성, 숫자에 의미 부여 등)을 고려하여 작성한다.

5. 리허설: 철저한 준비를 통해 자연스러운 발표가 될 수 있도록 한다.

프레젠테이션은 목표를 정확하게 설정하고, 리허설을 통해 자신감을 확보하는 것이 가장 중요하다. 스스로를 세계적으로 손꼽히는 최고의 발표자라고 생각하고 자신 있게 발표한다. 무엇보다 프레젠테이션은 마음을 움직이는 것임을 명심해야 한다.

부록 3. 프로젝트 착수 시 기본적으로 고려해야 할 사항

지금까지 세상에 존재하는 인공지능 솔루션 그리고 앞으로 만들어질 인공지능 솔루션의 전제는 무엇일까? 기업이 솔루션을 개발하는 것은 비즈니스를 하기 위해서다. 이러한 비즈니스는 사용자의 가치 그리고 기업의 이윤에 대해 반드시 검토가 필요하다. 따라서 인공지능 솔루션의 전제는 "왜 이것을 만들려고 하는가?"에서부터 시작해야 한다. 일상생활에서, 우연히 어떤 일을 하다가 불편함을 겪으면 이러한 불편함을 개선하기 위해서 무언가를 만들어봐야겠다는 생각을 누구나 해봤을 것이다. 비즈니스는 여기서부터 시작한다. 즉, 특정한 결핍을 개선하고자 하는 의지가 아이디어를 발생시키고, 이러한 아이디어가 비즈니스 모델로 발전해서 사용자의 가치를 실현하고 기업의 이익을 창출하는 것이다.

중요한 점은 프로젝트가 목표를 달성하기 위한 일련의 과정이라는 것이다. "목표를 어떻게 실현할 것인가?"에 집중하고 이상을 현실화하는 과정이다. 그러나 프로젝트를 수행하는 데 실패를 고려하지 않을 수 없다. 실패에 대한 생각은 두려움을 불러일으키는데, 이를 없애는 가장 효과적인 방법은 경험과 훈련이다. 따라서 이전에 수행한 지식을 바탕으로 잘 정리된 프로세스를 적용하는 것이 중요하다. 인공지능 솔루션 개발도 프로젝트에 적합한 프로세스를 적용하여 더 정확하고 효율적으로 진행할 필요가 있다. 그리고 가장 먼저 짚어볼 점은 "프로젝트의 성공을 높이기 위해 일할 준비가 되어 있는가?"이다.

필자는 끝에서부터 거슬러가며 할 일을 범주별로 구분하고, 그 범주를 쪼개어 세분화 작업을 한 후 하나씩 업무를 처리하여 제거해나가는 방식으로 일한다. 이런 방식은 프로젝트나 일에 대한 목표를 달성할 확률이 높다.

1. 최종 목표를 생각한다

- 최종 목표 시점의 모습을 상상한다.
- 긍정적으로 최종 목표를 상상하되, 그 과정의 어려움이 무엇이 있는지 정리한다.
- 최악의 결과도 상상하고, 어떻게 하면 최악의 결과가 나올 것인지도 생각해 본다. 그리고 최악의 경우를 피할 방안을 마련한다. 만약 최악의 경우가 닥 쳤을 때는 어느 정도까지 감당할 수 있는지 생각해본다.
- 기존에 유사한 프로젝트를 찾아서 자료를 수집하고, 벤치마킹한다.

2. 나의 역할을 찾는다

- 최종 목표를 달성하기 위한 나의 역할을 정리하고, 내가 못하는 일도 정리한다.
- 내가 못하는 일은 할 수 있는 사람을 정하거나 찾는다.
- 이때 역할을 하는 사람들을 목록화하고, 최선의 R&R Role and Responsibility인 지 다시 한번 생각한다.

3. 목표 달성을 위한 계획을 수립한다

- 마일스톤을 정하고, 그 마일스톤을 틀로 삼아 할 일을 세분화한다.
- 함께 일에 참여하는 구성원들과 주요한 관계를 설정한다.

4. 계획대로 실행한다

- 계획한 대로 실행하고, 실행하지 못한 일은 모니터링한다.
- 업무 지연이 발생하지 않도록 계획한 일은 반드시 처리한다.

5. 일에 대한 완전성을 높여간다

- 할 일의 완전성(품질)을 살피고, 업무 성과를 꼼꼼하게 피드백한다.

인공지능(AI)을 만들기 위한 핵심 지식

초판 1쇄 인쇄	2023년 8월 20일
초판 1쇄 발행	2023년 9월 01일
지은이	김동혁
펴낸이	우세웅
책임편집	한홍
기획편집	김휘연
북디자인	김세경
종이	페이퍼프라이스㈜
인쇄	동양인쇄주식회사
펴낸곳	슬로디미디어그룹
신고번호	제25100-2017-000035호
신고연월일	2017년 6월 13일
주소	서울특별시 마포구 월드컵북로 400, 상암동 서울산업진흥원(문화콘텐츠센터) 5층 22호
전화	02)493-7780
팩스	0303)3442-7780
전자우편	wsw2525@gmail.com(원고투고·사업제휴)
홈페이지	slodymedia.modoo.at
블로그	slodymedia.xyz
페이스북.인스타그램	slodymedia

ⓒ 김동혁, 2023

ISBN 979-11-6785-148-2 (03320)